THE POWERFUL STORY OF ECONOMIC IDEAS AND FORCES THAT SHAPE OUR WORLD

經濟學中的小故事與大觀念

學會經濟學的思維方式
讓你做出更好的選擇，過更好的生活

THE SHORTEST HISTORY OF ECONOMICS

Andrew Leigh
安德魯・李——著　謝樹寬——譯

目錄

前言

史前時代，柴火是唯一的人造光源。要產生一般家用燈泡一個小時的光度，需要我們史前的老祖宗花五十八小時來儲備和搬運木柴。[1] 到了巴比倫時代，最好的照明科技是燃燒芝麻油的油燈。在西元前一七五〇年左右，一名工人要工作四十一小時才能製造出等量的光。

接著是蠟燭的出現。一開始是以動物脂肪製成，製作的過程費時（而且氣味難聞）。即使到了十八世紀末，一般的工人也要花五個小時來製作蠟燭，才能產出正常家用燈泡一小時所發出的亮度。不過隨著煤氣燈在十九世紀的發展，供應一小時照明需花費的時間已降低到幾小時內了。

一盞陶製的油燈，使用棉花燈芯和油或酥油。

隨著電燈的發明，照明變得更加便宜。到了二十世紀初，只要花幾分鐘工作，就足以買到一小時的照明。到了今天，不到一秒鐘的工作時間，你賺的錢就足可點亮現代的家用燈泡一小時。以人工照明為衡量標準的話，我們如今的工作所得比史前人類高出三十萬倍，也比一八〇〇年的人們高出三萬倍。古代的祖先曾為了照亮他們的夜晚而費盡苦心，今天的我們開燈時卻絕少會想到它的成本。

兩個力量推動了這個可觀的變化：照明科技變得更好（而且每天持續在改進）；還有勞動者的生產力提高，這代表我們每小時賺的錢比祖先還要多。

照明的歷史，闡明了本書的幾個關鍵主題。史前的人們什麼事都要做，現代的勞動者則是

照明技術的進展：蠟燭、白熾燈泡、螢光燈泡、LED燈泡。

專注於我們最在行的事。市場使我們得以跟別人交換我們的產出。價格創造了誘因，讓我們在供不應求時增產、供過於求時減產。然而，市場的體系絕非完美。失業、交通堵塞、過度捕撈、價格哄抬，以及汙染等，只不過是市場失靈時會出現的其中幾個問題而已。

這本小書，說的是個大故事。它是資本主義的故事——關於我們的市場體系如何發展的故事。它是經濟學這門學科，以及構成這學科幾位關鍵人物的故事。同時它也是經濟力量如何形塑世界歷史的故事。為什麼非洲沒有殖民歐洲，而是歐洲殖民了非洲？在一九三〇年代各國樹立貿易壁壘和移民障礙時，發生了什麼事？為什麼同盟國會贏得二次世界大戰？為何先進國家在一九五〇和一九六〇年代，不平等的狀況會降低？財產權（property rights）如何推動一九八〇年代中國的快速成長？氣候變遷如何威脅我們的未來福祉？在本書中，你會找到這些問題、以及其他更多問題的答案。

經濟學可以定義成研究人們在面臨匱乏時，如何將福祉極大化的一門社會科學。它考量人們個體的行為，也考量我們在家庭和公司裡如何共同合作。它著重我們在市場中的互動，買家和賣家如何共同決定均衡價格（equilibrium price）*。經濟學也會考量在市場失

* 譯註：指一種商品的需求價格和供給價格一致時的價格，也就是這種商品的市場需求曲線與市場供給曲線相交時的價格。

靈時發生的狀況，以及公共政策如何改善貧窮、氣候變遷，或是價格壟斷的問題。

這是融合了個體經濟學和總體經濟學的故事。[2]個體經濟學研究個人如何做出決定；總體經濟學把經濟視為一個整體。經濟學的一些熱門書籍，重點往往偏於其中之一。《蘋果橘子經濟學》（*Freakonomics*）、《發現你的經濟天才》（*Discover Your Inner Economist*）、《轉角遇見經濟學》（*50 Things That Made the Modern Economy*）跟讀者介紹的是個體經濟學。《面對失靈的年代》（*The Return of Depression Economics*）、《蹣跚邁向烏托邦》（*Slouching Towards Utopia*）、《這次不一樣》（*This Time is Different*）則幫忙解釋了總體經濟學。本書綜合了這兩種觀點。我們將按時序來回顧歷史，探討個人決定和整體社會的發展軌跡。

覺得經濟學黯淡、貪婪，或是狹隘的批評家，喜歡引述湯瑪斯．卡萊爾（Thomas Carlyle）的話，形容這門學科是「沉悶的科學」（the dismal science，或譯「憂鬱的科學」），但卻忽略了這樣的批評是從何而來*。卡萊爾這位十九世紀的作家是個種族主義者，他認為應該把奴隸制度重新引入西印度群島。卡萊爾所攻擊的，是眾人皆平等這種「沉悶的」觀點。我跟其他很多經濟學家一樣，以自豪的態度接受這種批評。

卡萊爾也曾語帶輕蔑地說：「教一隻鸚鵡供給（supply）和需求（demand）兩個詞，你就有了一個經濟學家。」[3]供需的圖表當然方便好用，不過在這本書裡你找不到它。而且，我保證你不用學過任何的經濟學，也能看懂接下來要說的故事。學會像經濟學家一樣思考，可以讓你的生活變得更好。我們這門學科的秘訣就在於，最強有力的見解，多出自每個人皆可理解的幾個大觀念。

前面已提到了其中一個大觀念，那就是誘因。在運動競賽裡，當第一名的獎勵多，第二名的獎勵少，競爭就會刺激進步。賽跑的會跑得更快，打高爾夫球的最後桿數會降低。[4]誘因甚至會影響到我們的出生。澳洲決定提供「生育津貼」給二〇〇四年七月一日或之後出生的新生兒，結果七月一日當天創下了新生兒出生人數的紀錄。[5]為什麼？因為待產的媽媽們會延後引產程序或剖腹手術，以取得這項財務上的補貼。當美國變更遺產稅的稅率，死亡的時間也出現改變：這表示有一小部分人延遲（或者提前）他們的死亡時間，以減少他們的應付稅款。[6]英文有個諺語說，人生唯二可確定的事，就是繳稅和死亡。以這個例子來說，稅率改變了，死亡率便隨之變動。

這並不是說，經濟學只關乎貪婪。伊莉諾·歐斯壯（Elinor Ostrom）是第一位獲得諾貝爾經濟學獎的女性，她發現在許多例子裡——從印尼的漁業到尼泊爾的森林——人們會

---

* 譯註：卡萊爾在一八四九年寫的「黑人問題偶談」（"Occasional Discourse on the Negro Question"）一文中使用了「沉悶的科學」（the Dismal Science）一詞，來對比討論吟遊詩人技藝的「歡愉的科學」（the Gay Science）。

彼此合作，管理極其有限的資源。在諾貝爾獎的得獎致詞裡，歐斯壯批評了經濟學家在設計制度時，往往只考量純粹自利導向的個人。相反地，她認為：「公共政策的核心目標，應當促成那些可喚起人類最佳潛能的制度的發展」。獎勵的誘因固然重要，不過在本書中，我會努力效法歐斯壯的樂觀精神，讓大家知道經濟學家也可以是理想主義者。

另一個經濟學的大觀念是專業分工。我們當中，有幾個人能剪出一頭漂亮的頭髮、更換破掉的汽車擋風玻璃、拿葡萄釀酒，或是寫一個手機的應用程式？只要幾個月的時間，大部分的人在一定程度上應該都能學會這些工作，不過，除非你自己樂在其中，比較好的辦法是花錢找個專業的來，而你則專注在自己擅長的事情上。如果你這輩子的目標，是要把每件事都做得相當好，最後你可能成為樣樣通但樣樣鬆的「人體瑞士刀」——有不順手的刀子、剪不開東西的惱人小剪刀，以及不實用的螺絲起子。專業的分工，是現代經濟的一個重要關鍵。

連製作東西的流程也變得專業化了。舉例來說，中國有一些城市已經成了製作單一類型產品的專家。義烏生產全世界大部分的耶誕節飾品。葫蘆島生產全球四分之一的泳裝。丹陽以「眼鏡城」著稱。長期以來專注生產衛浴產品的台州，如今已成為全球智慧型馬桶的創新中心。7

隨著專業化的興起，貿易變得益發重要。波音七八七夢幻客機裡有來自日本的電池、南韓製的飛機翼尖、印度的地板樑、義大利的水平尾翼、法國的起落架、瑞典的貨艙門，以及墨西哥的反推力器。[8] 一支普通的手機，可以再正確不過地在標籤上寫著「世界製造」。由於零件和原料都是取自成本最低的供應商，便得以創造出光靠本地原料絕對無法負擔其成本的商品。

或許專業化最有力的示範，是來自設計師湯瑪斯．思韋茨（Thomas Thwaites）決定從零開始製作一台烤麵包機——他將只憑著自己的勞力和個人收集來的原料。[9] 思韋茨從英格蘭的廢棄礦場取得鐵礦，從威爾斯的礦坑得到了銅，從蘇格蘭山上找到雲母。由於家用冶煉爐煉鋼的計畫失敗，他改用他的微波爐來冶煉鐵礦石。它的塑膠外殼是垃圾融化後製成的。最後，思韋茨的烤麵包機實驗進行了九個月。如果我們用英國當時的平均工資來估算他的工時，他的勞動成本是一萬九千英鎊，再加上一千英鎊的開支。[10] 思韋茨價值兩萬英鎊的烤麵包機，比他若是在本地零售店買的一台四英鎊的烤麵包機貴了約五千倍。噢，還有，店裡買的烤麵包機是真的可以用的。思韋茨給自己的烤麵包機插上電源後，撐了約五秒鐘就開始熔化了。

經濟學的另一個原則是，重大事件多半不是由價值觀或文化的突然轉變所推動。比較常見的情況，是由新科技或政策變化帶動重大的改變。如果你想知道國際貿易何以在二次大戰後數十年蓬勃發展，最好去理解一下一九五六年海運標準貨櫃的發明，以及消滅全球關稅壁壘的一系列世界貿易談判。如果你想知道今天的籃球賽為何比起半個世紀前更刺激精彩，就要考量進攻時間限制和三分線規則的引入。這本書想要解開在戰爭、宗教運動，以及社會變革背後暗藏的經濟力量。

經濟學的故事始於農業革命，這場革命見證了人類社群從狩獵採集的部落，轉變成創造出古埃及、希臘和羅馬等文明。水陸交通促成了區域間的貿易。中國的大運河連結了各個省份。航海時代連結了歐洲、非洲和美洲——運送農產品、製成品和被奴役的人，構成了獲利豐厚的三角貿易。

下一個重大的革命是工業革命，它開啟了製造業，推動經濟的超高速成長。伴隨新機具出現的是智識方面的突破，經濟學這個學科逐漸成形。到了二十世紀初，生產線（assembly line）的創新使汽車的售價不斷降低，而全球化則用前所未有的方式，將世界緊密連結在一起。兩次的世界大戰和大蕭條則打斷了許多的聯繫、奪走生命、摧毀了生計和連結。

對發達國家的很多人來說，戰後是共享繁榮的時期，但是其他地區的成長則是零星且快慢不一。在中國，直到一九七八年轉向市場經濟之前，共產黨統治初期幾十年反覆無常的政策一再阻礙經濟的成長。在印度，重大的變革出現在一九九〇年。亞洲大部分地區的成長，讓該地區的生活水準與成長較遲緩的非洲差距越來越大。到了二十一世紀之初，許多國家內部不平等的現象都急遽升高。

現今許多經濟學都專注於市場失靈的問題。許多競爭政策的動機是為了箝制壟斷。約翰·梅納德·凱因斯（John Maynard Keynes）所開創的總體經濟學所關切的一個核心問題是降低失業率。氣候政策要處理的，是意味著汙染可能讓公司獲利、卻對地球造成破壞的市場失靈問題。同樣地，行為經濟學（behavioural economics）認知到人類並非總能像部機器一樣，會冷靜、認真地估算如何讓幸福最大化，反倒經常會系統性地偏離理性規則。隨著經濟學這門學科的演進，它的理論和數據讓研究者得以建立更好的人類行為模型，讓經濟學變得更加有趣，也更加實用。

不過，在我們進入「經濟人」（*Homo economicus*）的討論之前，我們應該從頭開始，先來看看經濟學是如何塑造我們——智人（*Homo sapiens*）——這個物種。

第 1 章

世界經濟的轉折點：走出非洲，走入農業

現代人在約三十萬年前演化於非洲南部。[1] 我們的老祖宗有了語言、藝術和舞蹈，以家庭單位養育兒女，並且會講述故事。大約在六萬五千年前，他們發明了狩獵用的矛和弓、縫紉用的針，以及旅行用的船。[2] 不同於較早期的靈長類，智人具有語言和抽象思維的能力，使他們得以進行集體學習：建立一個超越任何個人能力的共享知識庫。[3] 不過他們的生活大致上仍是遊牧式的：狩獵動物，以本地植物為食，在資源耗盡之後移往他處。

早期社會對無法工作者的照顧各有不同。有些史前社會呈現出照顧老年人的證據——刻製拐杖方便老人行走、幫牙齒失去功能的人咀嚼食物。其他一些狩獵採集的社會——尤其是長途遷徙的社會——往往會殺害或遺棄年長者或殘障者，以免他們危害整個群體的前途。

這麼說來，在這個時代大部分人的生活是什麼樣子呢？瑞士哲學家尚—雅克・盧梭（Jean-Jacques Rousseau）說：「沒有任何東西比處於原始狀態中的人更溫和。」他的英國同行湯瑪斯・霍布斯（Thomas Hobbes）看法則截然不同，他宣稱早期人類的生活「孤獨、窮困、骯髒、粗野，而且短暫」。

多虧了法醫考古學（有時被戲稱為「舊石器時代的犯罪現場調查」），現代的研究者得以仔細爬梳這個時期的生活。以他們的估算，有五分之二的嬰兒活不過一歲。人的平均餘命大約是三十三歲。[4]暴力無所不在——包括來自身部落的競爭對手，和來自鄰近群體的攻擊者。在遊牧社會中，近百分之十五的人是死於暴力。[5]在農業時代來臨前，大部分人在冬天只能瑟瑟發抖，上床時肚子餓得咕嚕叫。霍布斯是對的；盧梭是錯的。

定耕農業的起源

定耕農業（settled agriculture）並沒有單一的發源地，其中之一出現在印度的西北部。距離巴基斯坦邊界約三小時車程的城市卡利班甘（Kalibangan），曾是兩條河流的匯流處。這裡有全世界最重要的考古遺跡之一：一處最古老的犁耕農地。這裡有南北向的犁溝和東西向的犁溝，表明有兩種作物同時存在——或許一種是穀物，一種是芥菜。[6]

卡利班甘是印度河谷文明的大城市，這個文明繁盛於西元前三三〇〇年至西元前一三〇〇年之間。農耕讓人們得以定居下來，建築比較舒適的房子——有些甚至有抽水馬桶。他們的建築工人找到了理想的磚塊尺寸：長寬高比例為四比二比一，這個比例適用至今。[7]成人揮動青銅製工具和玩擲骰子遊戲。考古學家也挖掘出小孩子的玩具，像是哨笛和陀螺。對比於遊牧生活，定耕農業提供了可製作和使用工具與玩具的環境。

農業革命促成了印度河谷文明與其他人進行貿易。為了在陸上搬運貨物，他們製造了推車——這可能是史上第一次使用輪式的運輸工具。他們的城市呈網格狀的布局，和如今許多現代城市一模一樣。他們搭造船隻並開鑿運河。印度河谷的貿易商帶回原物料，有來自中國的玉石、喜馬拉雅山的杉木，以及阿富汗的青金石。他們也賣出珠寶、陶器和金屬工具做為交換。

在鼎盛時期，印度河谷文明人口達到約五百萬人。[8]但是它一直到一九二〇年代才被考古學家發現。一個主要原因在於它是一個相對較平等的文明。古埃及人建築了金字塔、古希臘人建造了雅典衛城、古羅馬人建造了萬神殿。大型的建築物一般而言標示了財富和權力上的巨大分野——有一位學者將之稱為「紀念碑問題」（the "monumental problem"）。[9]對比之下，印度河谷文明很少建築紀念碑。對當時的人們而言這是個好事，不過這也意味著在這個地區的河流乾涸之後的兩千多年裡，印度河谷的城市始終未被發現。

農耕標誌著世界經濟的轉折點，因為它使社區得以累積剩餘物資。儲存糧食讓人們可以一年到頭吃得好，並提供初期的保險形式，在歉收時對抗饑荒。當人們的消費波動性低於收入波動性，經濟學家稱這些人是在進行「消費平滑」（consumption smoothing）。消費平滑解釋了現代經濟中，為什麼很多人要借貸來購買房子、為退休進行儲蓄，以及購買醫療保險。在史前時代困擾著人們生活的不確定性，必然讓許多人壓力山大。即使到了今天，發達國家的貧窮勞工仍苦於每個月收入的大幅波動，這不僅帶來極大的焦慮，也讓他們難以規劃未來。

有些地區的糧食豐足，讓狩獵採集者可以過令人滿足的生活。在喀拉哈里沙漠的西部邊緣，住著一群稱為庫恩族（!Kung，字首的驚嘆號代表用舌頭發出的喀噠音）的人們。這個地區有許多蒙剛果樹（mongongo trees），它的果仁富含蛋白質和脂肪，而且可以長期貯存。傳統上，庫恩人平均一天吃三百顆果仁，這提供他們約三分之一的能量攝取量。正如一位庫恩人告訴一位訪客的：「這世上有這麼多的蒙剛果仁，我們幹嘛還要種植（作物）？」[10]不過庫恩

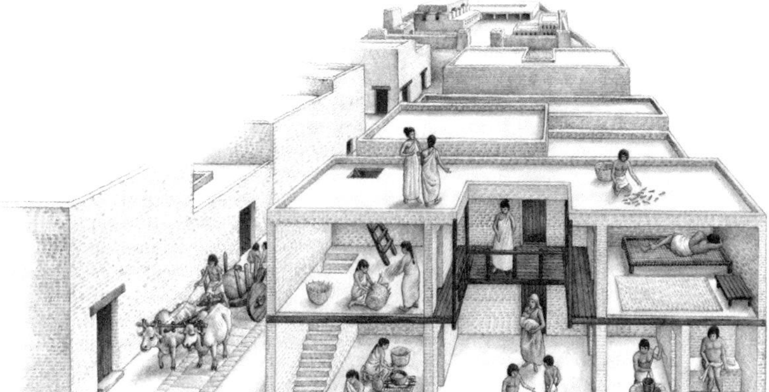

印度河谷文明不同於其他古文明，並沒有興建象徵財富不平等的紀念碑。

族屬於例外，在世界上大部分地區，農耕意味著人們可以攝取更多的卡路里，也比較能確定自己下一餐的著落。

瀕臨地中海東岸的黎凡特（Levant）是特別利於農耕的地區。在上一個冰河期結束後，黎凡特地區經歷了幾次長期的乾旱，促使當地社會進行農業的實驗。從西元前一萬年到前八千年，農夫們選擇種籽較大、較少苦味的作物來栽培。這個地區，屬於所謂「肥沃新月」的一部分，正巧有幾種可以被馴化（適合人類使用）的植物物種。這八種「創始作物」——二粒小麥、一粒小麥、帶殼大麥、豌豆、扁豆、苦野豌豆、鷹嘴豆、亞麻——對農業發展至為重要。[11]早期的農民發展出燧石刀和磨石來協助收割和加工。社會從遊牧的社群轉變成以農業為中心的定居地。

犁——促進農業、改變權力關係的重要發明

犁是促成農業的最重要發明。翻掘土地讓種植變得較容易、帶出土壤的新鮮養分，並將雜草掩埋。早期的農夫用棍子和鋤頭來耕種：和今天大家在後院翻土種蔬菜的方式沒有太大不同。但是犁讓我們可以利用動物的力量來翻土。

早期埃及的犁是刨犁（scratch plough），類似於用棍子拉動泥土。在秦漢時代（西元前二二一年到西元二二〇年），中國農民發展出轉犁（turn plough），把底下的土壤翻上來，形成犁溝。[12]定耕農業的產量比採集狩獵多出五、六倍。[13]犁的出現，終結了原本每個人職業都是「覓食者」的社會。事實上，有歷史學家主張，整個現代世界都是犁帶來的成果。[14]

犁也改變了權力關係。掘棍農業相對而言在性別上較平等，但是拉動犁或是控制拉犁的動物明顯需要上半身的力量，因此犁使得耕作成了更傾向由男性主導的活動。這項技術的遺產被世代傳承下來。[15]不常使用犁的國家（如盧安達和馬達加斯加），性別規範要比常使用犁的國家（如茅利塔尼亞和衣索比亞）更加平等。即使是最近才移居到發達國家的新移民，原本母國有用犁傳統的人，大半也較不認同女性應該在外面找工作。

世界上有些地區比其他地區更適於農耕。歐亞大陸正好有非常適合馴化的植物和動物物種。如我們所見，歐亞大陸的原生植物包括了各種變異種的大麥、小麥和豆類，它們可以儲存達數個月之久。其他地區生產香蕉和甘薯，在幾天之內就會壞掉。動物方面也有類似的情況。歐亞大陸有山羊、綿羊和牛，牠們可提供肉、奶和皮毛。相對地，非洲的斑馬和澳洲的袋鼠則較難馴化。

大陸的形狀也很重要。歐亞大陸寬，非洲和美洲則長。這代表了人們在歐亞大陸探險（和開發利用）時，能夠留在相同的氣候帶。在歐亞大陸朝東或西探險的人們，不需要在陌生環境裡開發新的求生方法，而且他們農耕方式的創新可以在相似的氣候裡擴展。但是非洲和美洲的探險者在南北向的旅行中會遭遇較辛苦的挑戰。正如地理學家賈德·戴蒙（Jared Diamond）所指出的，這些最初的巧合解釋了歐亞大陸在非洲、南北美洲和大洋洲殖民，而非反過來的情況。因為財富最終助長了軍事力量的強大，更大規模的農業革命為打造帝國奠立了基礎。

農業革命的正負面影響

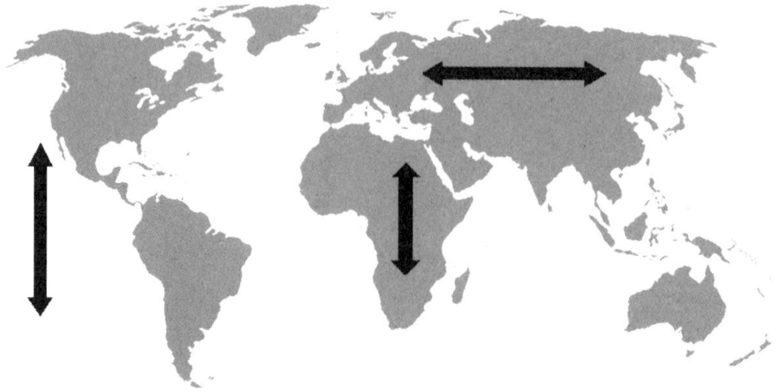

在相似氣候條件下遷移（由東到西），要比在不同氣候條件下遷移（由南到北）容易。

理論上，農業革命應當可以改善每個人的生活。因為農耕比狩獵和採集更有效率，它不需要社會上每個人的勞力。有史以來第一次，它開啟了人們成為專業手工藝匠和建築工人的可能性。農耕促成城市的興起，人們在這裡發明新的工具，在熱鬧的市集從事貿易。印度河谷文明也許就是歷史上定耕農業通向共享繁榮的最好例子。

遺憾的是，農業革命也給了殘暴的統治者崛起的可能。狩獵採集者是流動的，這意味著沒有人能擁有太多的財產。與之相反地，農耕創造出了剩餘。這讓領導者可讓自己和家人致富，從眾人身上攫取資源以資助一支高壓的軍隊，並利用恐懼來控制民眾。

從農業革命興起的社會往往很不穩定。在羅馬帝國五百年的歷史中，總共有七十七位皇帝，其中有半數遭到謀殺，還有很多死於戰鬥或是自殺。[16]只有三分之一的羅馬皇帝是死於自然原因。在一段異常殘酷的十八個月期間，尼祿（Nero）自殺了，加爾巴（Galba）被謀殺，奧托（Otho）自殺，維特里烏斯（Vitellius）被謀殺。在戰場上，戰爭有時是以全面殲滅的方式進行，包括摧毀敵人莊稼、姦淫婦女、奴役或處決俘虜，這種做法被稱之為「羅馬式戰爭」（Bellum Romanum）。羅馬帝國野蠻擴張的受害者應該會覺得，如果農業革命從不曾發生該有多好。

定耕農業另一個未預料到的負面影響是飲食多樣性的降低。狩獵採集者食用種類廣泛的漿果、堅果，以及動物，而農業社會的人們攝取的大部分熱量都來自少數幾種含澱粉的植物。根據檢查農業革命前後人類骨骸的一項研究估算，人類的平均身高減少了十公分。[17]霍布斯說得沒有錯，在自然狀態下，人的生命是「短暫的」，不過，農業革命最初的影響，則是讓人們變得更「短小」。

在一開始，農業革命增加了營養不良的比例，人們擠居在疾病叢生、不平等狀況惡化的城市裡。不過它也促成創新者的出現，他們最終為人們擁有比石器時代老祖宗更長壽、更愉悅的生活奠定了基礎。[18]農業提供了喜怒無常的獨裁者崛起的機會，但它同時也創造了環境，讓人們可以思考如何改善自己和他們周遭的世界。

知識菁英有時間來琢磨想法、建立模型、發展與世界交流的新方法。古美索不達米亞在數學、地圖、書寫和帆船上有重大的創新。古埃及創新了藝術、文字和建築。馬雅文明有天文學和紀事方面的重大發現。古希臘人在科學、技術、文學、民主制度方面取得進展。甚至有個早期的福利國家出現：羅馬自西元九八年到二七二年，建立了「貧兒補助制度」(alimenta)，為孤兒和貧困兒童提供食物和獎助教育。不過它只幫助到了少部分有需要的人，最後被奧勒良皇帝（Aurelian）廢止。

各個社會把它創新的精力放在哪裡有很大的差異。西元前二六〇〇年興建的吉薩大金字塔（Great Pyramid of Giza），需要用到三角幾何和畢氏定理。在接下來的三千八百年內，它一直是世界最高的建築物。然而古埃及人並沒有發明輪子——他們依賴的是數以萬計的工人，以木橇從採石場把石塊拖送到施工地。古羅馬的統治者興建了下水道和美麗的高圓頂建築，但是他們並沒有廣泛採用水車或風車，一直到羅馬帝國滅亡之後，水磨坊才開始在歐洲各地變得普遍。19

豐沛的勞動力阻礙創新發明

這個時代傑出的思想家，為什麼不在可節省勞力的裝置上多下點工夫？經濟學提供了一個答案。當勞動成本低的時候，就比較缺乏誘因去投資讓勞動者更有效率的科技。在現代，歐洲的餐廳對電子點餐系統的投資比美國早了幾十年。原因很簡單：在歐洲，雇用服務人員的成本比較高，因此企業有誘因要盡可能提高他們的效率。

宗教經濟學

在古典時期，我們見到三大亞伯拉罕宗教（Abrahamic religions）的出現：猶太教、基督教和伊斯蘭教。它們興起的理由之一要回到經濟學的一個重要觀點：競爭會鼓勵更多的創新，為消費者帶來更多好處。因此這幾種信仰在激烈宗教競爭的時代興起並非偶然。

同樣的力量也左右著現代的宗教。在北美地區（不同教派之間有著激烈的競爭），人們上教堂的比例要高於北歐國家（教會通常由政府授予壟斷地位）。美國開國元勳湯瑪斯·傑佛遜（Thomas Jefferson）注意到多樣性和宗教信仰之間的關係，他打趣說，在宗教問題上，格言應該改成「分則存，合則亡。」*（Divided we stand, united

在宗教方面，競爭促進了參與。

we fall.）[20]

經濟學家也觀察到許多宗教的嚴格要求——包括飲食、服裝和社會交流的限制——有其經濟上的目的。沒有這些規則的話，外來者很容易溜進團體裡，不用付代價就享受到好處。如今世界上，六人當中有五個人有宗教信仰。[21]在一生之中，人們往往會變得比較沒那麼虔誠，不過，由於信教的父母會生比較多的子女，所以預計在未來幾十年，世界上有宗教信仰的人會越來越多。神學主張比較溫和的宗教往往有比較多失聯的信徒，而神學主張較保守的宗教多半有較高的生育率。因此教義最嚴格的宗教往往也是增長最快速的宗教。

同樣的道理，當古埃及和古羅馬的創新者考慮最迫切的技術問題時，別忘了他們的社會裡大部分的工作是由奴隸來處理。奴隸如此眾多，統治階級對於提高奴隸階級的產出並沒有太大興趣。古代社會的奴隸制度不只在道德上是錯的——它同時還減少了提升生產力

＊ 譯註：原本英文的格言是「合則存，分則亡。」（United we stand; divided we fall.）傑佛遜開玩笑認為宗教上正好相反。

的誘因。

類似的問題也出現在古代的中國，豐沛的勞動力抑制了創新發明的誘因。中國人在絲綢製作、青銅與鋼鐵器物的生產，以及紙張的應用，都遙遙領先同時期的歐洲人。有磁性的羅盤是在西元前四到二世紀之間由中國人發明的。然而這些發明並沒有如預期那樣，對經濟產生重大改變。在中國古代，貴族是統治階層的主宰，蔑視商人和商業是人們普遍的看法。因此，金屬工藝主要應用在武器和藝品，而非實用的工具。22 羅盤的發明並沒有讓中國成為海上的強權。經濟的成功不只需要靠發明，它還需要適當的制度，讓發明得以改變生活。

不同形式的貨幣

貨幣是在許多古代社會都出現的一項發明。貨幣有三個特質。首先，它是記帳的單位，提供表達不同物品價值的通用語言。我們不需說兩頭牛價值一把斧頭，而是可以說兩者都值一個銀幣。第二，它是儲存價值的工具，讓財富能用不會腐敗或死亡的形式保存下來。第三，它是交易的媒介，想要買兩頭牛但沒有斧頭可交換的人，可用它來簡化商業行為。

貨幣以不同形式出現。在古希臘，錢幣在西元前七〇〇年到六〇〇年之間問世，它被稱為德拉克馬（drachma），意思是「一手可握之物」*。[23]在古奧林匹克運動會，勝利者除了贏得橄欖枝冠，還可以得到多達一千德拉克馬的獎金。[24]羅馬人製作貨幣的時間相對較晚，他們在西元前二六九年開始在朱諾·莫內塔（Juno Moneta）的神殿旁鑄造銀幣，其中一些銀幣上刻了「Moneta」的字樣，成了今天英文「money」（錢）這個字的由來。

錢幣提供了支付日常物品一個簡單而直接的方式。旅行的時候錢幣可放在袋子裡隨身攜帶。它們是龐大的羅馬帝國重要的組成部分。有些時候，人們第一次認識新皇帝，是在錢幣上看到他的頭像。

不過，硬幣不是錢的唯一形式。在密克羅尼西亞的雅蒲島（Yap），石頭的雕塑被當成了貨幣，其中最大的石幣直徑達三·六公尺。當所有權易主時，它並不會被搬動——雅蒲人把石幣留在原處，但是社區裡的所有人會記下新的石幣主人。也因此用大石幣做商業交易並不便利，不過它倒不算是特別不尋常。在現代，各國中央銀行有時會把黃金存在保險

---

* 譯註：「德拉克馬」一詞咸信源自動詞 δράσσομαι，意思是以手抓握。一個德拉克馬最初的價值等於「一把（六根）鐵叉」。這表明德拉克馬是一種相對有價值的硬幣，因為鐵叉是古代燒烤羊肉的重要工具。人類學研究也顯示，金屬叉在古希臘被當成一種早期的貨幣形式。

庫裡。當黃金賣出時，通常只涉及電子帳本的更動，而沒有實際搬動這些黃金。雅蒲人應該很能理解這種做法。

不管是雕塑或是硬幣，在這個時期貨幣的共同特徵是它具備固有的價值。有些時候商人會彼此簽發本票（承諾付款的票據），但是貨幣必然是以貴重物質製成。這在西元一〇〇〇年將出現變化，當時中國官方發行了全世界最早的紙幣——它是毫無固有價值的紙張，卻代表了價值的承諾。

貿易獲利取決於比較優勢

經濟發展的另一個面向是不同地區

用石灰岩雕刻而成的雅蒲石幣。

間貿易量的增加。如我們在印度河谷文明所見到的，社會內部的專業分工促成新商品——例如衣物和工具——的生產。如此一來，也隨之帶動不同社會之間的專業分工，這構成了貿易的基礎。當某個社會比較擅長生產某種產品或服務，它就可能從貿易中獲利。

等一下，為什麼我這裡要說「比較」擅長，而不只是擅長？要了解這一點，得先回到勞動力的專業分工問題。假設在村子裡最優秀的陶匠，同樣也是最好的麵包師。想像一下，她的製陶技術強過其他人十倍，而烘焙技術只強過其他人兩倍。在這樣的情況下，如果她把所有時間用在製陶，並跟別人購買麵包，將為全社區帶來最大的產出。

陶藝大師的情況也同樣適用於國家、城市和地區。想像一下，古中國生產的絲綢和黃金都比古羅馬更加廉價，但是中國生產絲綢的效率是羅馬的十倍，而開採黃金的效率只有兩倍。在這樣的情況下，中國出口絲綢但進口黃金，應該是合情合理的做法。絲路的貿易取決於「比較的」優勢，而非絕對的優勢。即使某個國家不管生產什麼東西都比鄰國更有效率，它還是可以從貿易中獲利。

然而，就算是現代社會，仍有一個理由讓人不願進口砂石這類重量重但價值低的產品。當運輸的成本，相對高於被運送產品的價值時，貿易就變得不合乎經濟。即使在輪子發明之後，由於大部分道路的品質不良，把貨品綁在馬或駱駝的背上還是比用推車運送容易得多。因此，大部分的陸上貿易僅限於葡萄酒、橄欖油、寶石、貴重金屬及稀有的香料等產品。在西元三〇〇年左右，一車小麥如果要運送五百公里，價格就要翻漲一倍。25

第2章

歐洲如何成為中世紀最富有的地區？

——大運河、印刷機、宗教改革與瘟疫

有鑑於水覆蓋了我們星球表面超過三分之二的面積，或許它應該被稱為「水」球，而不是「地」球。千百年來，人們以槳或帆、或兩者並用，在水上旅行。以水路運送貨物要比陸路便宜許多。這使得在商業活動中，河流和海洋要比道路更加重要。中國隋代（西元五八一年到六一八年）的帝王開鑿了大運河，這是全世界最長的人工河道。它的長度超過一千六百公里，連結了黃河和長江。興建運河的初衷是便於政府徵收糧賦。1

不過大運河也有助於促進各省之間的貿易，也帶動中國的經濟往來和國際開放，帶來唐朝（西元六一八年至九〇七年）的繁榮昌盛。大運河在十九世紀關閉後造成周邊省份的經濟困頓和社會動盪，也反映出它的重要性。2 中國大運河知名度遠不如萬里長城，但是它在經濟上更加重要。大運河的興建促進了繁榮、鼓勵旅行、讓政治更加穩定。在西元一〇〇〇年，中國的生活水準高於英國。換算成如今的幣值，中國的每人每日平均收入是三．三六美元，相較於英國則是三．一五美元。3

航運造就繁榮城市

水陸交通的重要性，意味著全世界最成功的城市都是緊臨海岸，最好還具備供船隻躲避風暴的深水港。里斯本、亞力山卓和雅典，都是海上運輸黃金時代的繁榮城市。港口城市成了金融中心。在熱那亞，貨幣兌換商存放商人的錢幣、在帳戶間轉換資金以結算債務，並提供貸款資助新的航行。4

在威尼斯，稱為「合夥」(colleganza）的一個嶄新風險分擔形式，讓手頭較為拮据的商人可以用與投資者分享利潤的方式，取得其從事海上航運的資金。5 這套制度為商人創造了向上流動的通路。到十四世紀初期，威尼斯已成為世界的金融中心。之後，威尼斯的顯赫世族阻止一般老百姓加入「合夥」，以鞏固自身在經濟階層頂端的位置。世襲地位取代了任人唯才。威尼斯也因此失去了它在全球商貿的領導地位，並遭受連串的軍事挫敗。創新精神和平等主義被用人唯親的裙帶關係所取代——連帶也使得威尼斯人益發貧窮。

社會流動性

在中國古代的封建制度、印度的傳統種姓制度，以及歐洲中世紀的封建制裡，一個人在社會的地位從出生就決定。跨世代之間的流動性有限，因為孩子的社會地位取決於父母的地位。

如此僵化的階級制度，令現代資本主義社會裡的大多數人驚駭不已。今天無論持何種意識形態的人，無不推崇社會流動性——也就是人人都有機會「出頭天」的觀念。但是在實務上，各國之間，子女成就與父母成就的相關性差異卻大相逕庭。流動性最高的多半出現在北歐，最低的則是拉丁美洲。

會出現這種情況，原因之一在於不平等（富人和窮人的差距）和流動性（父母和子女的收入之間的關係）有著密切的關連。我們可以拿梯子來做比喻，不平等代表的是梯子橫木的間距，而流動性則是人們向上或向下攀爬的機會。當橫木的間距越大，爬梯子的機會就越少。這就是知名的「大亨蓋茲比曲線」（the Great Gatsby Curve）。[6] 由於拉丁美洲比北歐更不公平，也因此它的流動性較低。

到目前為止，我們談論的是單一世代的社會流動性。不過另一個方法讓我們可以跨越多個世代觀察，測試王朝的持續性。經濟學家葛瑞里．克拉克（Gregory Clark）為了了解社會流動性的長期模式，用罕見姓氏來檢視社會究竟是流動抑或固定。[7] 以日記作家山謬．皮普斯（Samuel Pepys, 1633-1703）為例，他曾擔任英國海軍部首席秘書。在過去五百年來，擁有皮普斯這個姓氏的人，進入牛津和劍橋大學的比例至少是一般人的二十倍。就我們可觀察的財產資料，皮普斯家族留下的財富至少是英國人平均財富的五倍。只有在社會流動性極低的社會裡，我們才會見到一個姓氏以這樣的方式持續存在於菁英階級。

少見的菁英姓氏在其他國家也同樣持久。美國稅務機關記錄了一九二〇年代初最高收入者的姓氏。在一百年之後，有這些姓氏的人是醫生或律師的比例是一般人的三到四倍。比如說，擁有菁英姓氏卡茲（Katz）的美國人，成為醫生和律師的比例是一般人的六倍。

在日本，武士的姓氏可追溯到一八六八年明治維新之前。在現代，他們成為醫生、律師，和學術作家的比例至少是一般人的四倍。在中國，在

十九世紀菁英階級占較高比例的清朝姓氏，在如今的企業董事會和政府官員中同樣有較高的占比。

在智利，在一九五〇年代地主階級占比較高的姓氏，如今在高所得職業裡的占比依然較高。瑞典在十七世紀和十八世紀創造了一套「貴族姓氏」。到現在，這些姓氏成為醫生的比例是一般人的兩倍，成為律師的比例則是一般人的五倍。社會地位有明顯的持久性，甚至可以延續超過十代。

另一個因為航運而興盛的城市是位於茲溫（Zwin）河口的布魯日（Bruges）。這座城市是如此富裕，讓法國王后在一三〇一年到訪時都說：「我以為只有我才是王后，但是在這裡我卻看到了六百個對手。」[8] 兩個世紀後，布魯日的經濟隨著茲溫河口的淤積而萎縮。這個地區的商業中心往西移動了八十公里，來到可供船隻輕鬆停泊的安特衛普。最後，人們把這城市戲稱為「布魯日死城」(Bruges-La-Morte)。

貿易和遷徙最有價值之處，是它們會帶來新的觀念，以及可複製的新產品。義大利人在一二九〇年左右發明了眼鏡，很快就普及到歐洲各地。貿易商在十四世紀把玉米（之後還有番薯）帶到了中國，為雨水不足無法種植稻米的地區提供了主食的來源；這也帶動了之後幾個世紀人口的快速成長。[9]活字印刷機在一四四〇年左右發明於德國，開啟了印刷革命。接下來五十年生產的書籍，數量超過了之前一千年的總和。[10]

經濟學家描述實體商品是「競爭性的」（rivalrous），而構想則屬「非競爭性的」（non-rivalrous）。當我給你三個蘋果，我就少了三個蘋果。但是如果我教你丟三顆蘋果的雜耍技巧，那麼我們可以同時得到玩耍的樂趣（只要你不介意吃有瘀傷的蘋果）。非競爭性的概念，對於經濟學家如何看待創新至為重要。以眼鏡和印刷機來說，這兩項創新都未受到智慧財產權法律的保護。這對消費者是個大利多，因為這意味著其他人可以把它們拿來複製、調整和改善。但是隨意複製的能力會降低發明創新的誘因。在接下來的幾個世紀——從威尼斯一四七四年的專利法開始——各國實行專利法，讓發明家在分享構想時，可以享有短暫的獨占權。

宗教與經濟的相互影響

知識的傳播也受益於這個時期一個重要的社會變革：宗教改革運動。當馬丁路德和他的追隨者與天主教教會分道揚鑣，他們鼓勵信眾們自力閱讀聖經。識字率因此提升，也帶動德國新教徒地區的經濟發展。事實上，即使是距離馬丁路德已有五百年的現代德國，新教徒仍有較高的教育水準和收入。[11]

在中世紀從五世紀到十五世紀這段期間，宗教在其他方面也影響著經濟的發展。猶太社群之間緊密的信任關係，讓他們成了經營放債和匯款業務的理想人選，這兩個都是有利可圖、但也受汙名所累的事業。伊斯蘭教自西元六一〇年創立以來，一直與貿易密切相關（穆罕默德是商人出身），穆斯林彼此之間的信任關係促進了伊斯蘭社群的商業活動。[12] 經濟學也有助於解釋宗教戰爭。第一次十字軍東征（一〇九六年至一〇九九年）可視為天主教教會試圖在新領域擴展其壟斷權利的嘗試。[13]

在中世紀時期，歐洲多數實行封建制度，在這個制度底下，土地歸領主所有，但交由農民耕種。實際上，農民供給貴族所需，以交換免受盜賊侵擾的保護。社會階級絕少有向上移動的機會，教士階級則負責維持社會秩序。

當時的工匠把他們的收費價格刻在石牆上並不罕見，因為他們知道從這一代到下一代，收費不會有太多變化。雖然技術上出現一些變革（例如我們稍早提到水磨坊的普及），但生活依舊艱困。即使在中世紀的尾聲，大部分人的飲食仍十分簡單，只會偶爾吃肉或魚，來補充乏味的燉菜和一成不變的澱粉類穀物。此時還沒有印刷的書籍，大部分家庭都沒什麼家具，也沒有自來水。抓傷一受到感染就可能致命，到處疾病叢生。每三個嬰兒中，就有一個活不過一歲，三分之一的母親在分娩時喪生。[14]

從黑死病看經濟學的效用

最致命的細菌是鼠疫桿菌（yersinia pestis），被稱為「黑死病」。這鼠疫源自中亞，自黑海返航的熱那亞商人，在一三四七年把它帶到了歐洲。它奪走了三分之一的歐洲人口——這個數字甚至比最殘酷的戰爭還要多。在開羅，它奪走城市一半的人口。朝聖的穆斯林在一三四九年把這個疾病帶到了聖城麥加。在城市裡，密集的居住人口加速了疾病的蔓延，因此人們紛紛逃到鄉下。其中最著名的是薄伽丘（Giovanni Boccaccio），他逃離佛羅倫斯——這座城裡近四分之三的人口喪命——並寫下他的傑作《十日談》（*The Decameron*）。從一三〇〇年到一四〇〇年，全世界的人口從四．二億減少為三．五億。

黑死病也生動展示了經濟學如何發揮效用。[15]勞工的短缺讓歐洲的實質工資增加了一倍（即通膨調整後的工資）。突然之間，土地相對變得充裕，因此租金下滑。這改變了權力平衡，對農民變得有利，而對地主不利。在很大程度上，這場瘟疫摧毀了封建制度。黑死病也影響了價格。小麥這類簡單的食品變得更便宜，需要很多勞力的製造產品則變得更昂貴。隨著工資上漲而地租下降，農民們開始發展土地密集的農業，例如畜養牛羊。隨著收入增加，工人們開始食用更多肉類。啤酒的需求增加，這是此地區生活水準的一個指標。

按照現在的標準，歐洲的經濟成長或許緩慢，不過在十五世紀，它是全球最富裕的地區。如我們所見，歐洲的成功源於好運氣。相對於非洲和美洲，歐亞大陸有較多可馴化的動植物，它寬廣的地理範圍讓人們可以在同一個氣候帶遷徙得更遠。

描繪黑死病的一幅木刻畫：《主啊，請憐憫倫敦》。

第 3 章

新產品、新市場與新土地的吸引力
——大航海時代

相對較繁榮的歐洲，為航海科技的持續進展提供了資金。這個時期的船是三桅帆船（three-masted）*，或稱為全帆裝船（full-rigged），它有更堅固的船體，並使用舵（rudder）來取代櫓（steering oar，或稱舵槳）。帆船科技的進步讓它得以逆風而行。船隻更大，可以進行更遠的航程。更好的羅盤、地圖，以及對風向模式的理解，讓船隻可循著最快的航線行進。航海星盤（sea astrolabe）的發明讓水手們得以推算他們所處的緯度。

不過，仍有許多事是早期探險家所不知道的。哥倫布在一四九二年橫渡大西洋的時候，他預期會到達印度和中國，而不是美洲（西印度群島的不準確命名反映了這個錯誤）。其他重大的探險隨後展開。達伽馬（Vasco da Gama）在一四九八年建立了到印度的航線。麥哲倫（Ferdinand Magellan）在一五一九年展開史上第一次的環球航行（不過麥哲倫本人死於菲律賓的一場戰鬥中，沒能回到家）。經濟學扮演了這些航海探險的核心角色——探險家們試圖用新產品、新市場和新土地來籌募他們旅程的資金。

發現新國家和降低運輸成本，都是貿易成長不可或缺的因素。在十六世紀，「哥倫布交換」（Columbian exchange）把玉米、馬鈴薯和辣椒從美洲帶到了歐洲，也把柳橙、糖和豬帶到了美洲。令人悲傷的是，它也把天花、痲疹、流行性感冒和水痘這類的疾病帶到了美洲，在一些地區導致超過五分之四的人口喪命。

奴隸、貴金屬帶來財富，也帶來詛咒

貿易另一個令人髮指的事實，是在一五〇一年到一八六六年之間，有超過一千兩百萬人被販運越過大西洋。[1] 這項野蠻事業的規模令人瞠目結舌。[2] 在十八世紀，歐洲人把十分之一的非洲人口販運過大西洋。這些被捉走的人，被裝運在擁擠的船上，吃不飽且容易生病，有超過十分之一的人撐不過這趟旅程。在奴隸市場裡，父母和子女被拆散、夫妻被迫分離是家常便飯。對紐奧良奴隸市場（全美最大的奴隸市場）所做的一項分析顯示，超過五分之四被賣掉的人與他們的直系親屬分離。[3]

葡萄牙人販賣的奴隸占了總數近一半，其中巴西是超過三分之一被奴役者的目的地。西班牙人、法國人和荷蘭人也是主要的奴隸販了。在加勒比海和美洲的殖民地，奴工被迫從事勞力密集的耕作——一開始是蔗糖，接下來是棉花和菸草。在一些歐洲國家，控制奴隸成了重要的財富來源，在十八世紀末期大約占了英國國民收入的百分之五，並且協助推

＊ 譯註：三桅帆船是一種具有三根主要橫桅的船隻，通常分為前、中、後三根主橫桅。這種設計讓船具有更好的穩定性和運載能力，使其適合長途航行和載運大量貨物。三桅帆船在歷史上曾經是主要的商業和軍事船隻之一，特別是在十八至十九世紀的帆船時代。

動了英國的工業發展。[4]

同一個時期，黃金和白銀成了重要的輸出品。從一五〇〇年到一八〇〇年，數萬噸的白銀從墨西哥和玻利維亞運到了西班牙。不過，在歐洲列強相互敵對的時代，水手們遇到他國的船艦時無法指望安全通行。曾經有一回，英國的探險家兼海盜頭子法蘭西斯・德瑞克（Francis Drake）劫掠一艘運載三十六公斤黃金和二十六噸白銀的西班牙船隻。英國人讚美他是英雄，西班牙人則視他為寇讎。

不過，西班牙或許不用對德瑞克的搶劫感到如此憤怒，因為黃金白銀的大量湧入，最終會對經濟造成傷害。[5] 貴重金屬是當時的流通貨幣，因此滿載金銀的船隻進港，就等同於現代政府印了太多的鈔票。商品和服務的價格上漲，進口增加而出口萎縮。具有警世意味的是，接收這些貴重金屬的安達魯西亞地區，最先受到傷害。西班牙的船隻、繩索，以及絲綢製造業，發現自己無法在世界市場上競爭，他們的產業於是崩垮。在一五〇〇年，西班牙是全世界最富有的國家之一；兩個世紀之後，它淪為窮鄉僻壤。今日的資源詛咒（resource curse）* 與西班牙經驗遙相呼應，高價值的礦產資源，最終可能讓國家陷入貧困。在低收入國家之中，擁有重要資源礦床的國家往往成長較緩慢。

梅迪奇家族

義大利的梅迪奇家族（Medici family）是史上最成功的慈善家之一。他們贊助的眾多藝術家包括布魯內萊斯基（Filippo Brunelleschi）、波提切利、達文西、米開朗基羅和拉斐爾，協助促成了義大利的文藝復興。他們也贊助天文學家伽利略、打造佛羅倫斯的波波里花園（Boboli Gardens）、興建了烏菲茲美術館（Uffizi Gallery）。

梅迪奇家族成員最初來自托斯卡尼北部的一個村莊，在十二世紀搬到了佛羅倫斯，以紡織貿易為生。這個家族在一三九七年成立梅迪奇銀行，成了歐洲最大的銀行。他們是最早使用複式記帳法的一批人，並且受益於佛羅倫斯強大的手工藝業，這些手工藝業是由眾多實力強大的行會所控制。

身為銀行家，梅迪奇家族關切經濟的穩定，並和佛羅倫斯其他勢力強大

---

* 譯註：「資源詛咒」是一個經濟學術語，又稱「富足的矛盾」（Paradox of plenty），指的是國家擁有大量天然資源，反而形成工業化低落、產業難以轉型、過度依賴單一經濟結構的窘境。

的家族建立了關係。他們著重的是透過貿易獲取資源，而不是以軍事征服來奪取土地。在十五世紀的大部分時間，佛羅倫斯是由梅迪奇家族一家三代——科西莫（Cosimo）、皮耶羅（Piero）和羅倫佐（Lorenzo）——所統治。

梅迪奇家族在佛羅倫斯的統治兩度被打斷（一四九四至一五一二年，和一五二七至一五三〇年），不過他們持續在義大利各地建立他們的勢力。在一五一三年到一六〇五年之間，梅迪奇家族出了四位天主教教宗——利奧十世（Pope Leo X）、克萊門七世、（Pope Clement VII）、庇護四世（Pope Pius IV）和利奧十一世（Pope Leo XI）。同一時期，這個家族也產生了兩位法國王后：凱薩琳．梅迪奇和瑪麗．梅迪奇。這個家族勢力在十八世紀逐漸衰退，但是他們對藝術和

羅倫佐．梅迪奇，也被稱為「華麗者羅倫佐」，是義大利文藝復興最重要的贊助者。

建築的長久影響，至今仍為富有的贊助人提供啟發。

疾病如何決定殖民主義的模式？

雖然歐洲的殖民者帶來致命的病毒，他們同樣也容易感染當地的本土疾病。由於風險有巨大的差異，疾病的模式決定了「地理大發現」（Age of Discovery）這時期的殖民主義模式。[6] 在十七世紀初期，英國的朝聖先輩（Pilgrim Fathers）* 考慮搭乘「五月花號」到南美洲的蓋亞納，但最後因為蓋亞納的高死亡率而改選擇美國。在西非洲，瘧疾和其他熱帶疾病在歐洲定居者到達的第一年，就奪走大約一半的生命——實際上等於阻止了他們在這裡鋪設道路、設置機構的企圖。沒有太多誘因可讓人在死亡機率高得嚇人的地區做投資。

在殖民者死亡率相對較低的國家，例如加拿大、美國、智利和澳洲，殖民勢力投資了從鐵路到大學等各種建設。在殖民者死亡率高的國家，例如奈及利亞、安哥拉和馬達加斯加，殖民關係基本上是榨取式的（extractive），目的是要將財富搜刮殆盡。殖民者帶走奴

＊譯註：「朝聖先輩」是美國人對早期自英國移民的清教徒先驅的稱呼。

隸、黃金和其他貴重的商品。這種榨取式做法在殖民時代末期到達最糟的狀態，比利時國王利奧波德二世（Leopold II）對剛果進行無情的剝削，殺戮、殘害，並掠奪當地的人民。這種榨取式殖民主義的野蠻行為，不該找任何藉口開脫，但瘧疾盛行程度的差異，也許解釋了為什麼歐洲殖民者在美國的投資要遠遠多於西非洲地區，也解釋了為何跨大西洋的奴隸交易是由東向西移動，而不是相反的方向。

殖民主義並不必然是政府的事業。荷蘭東印度公司很可能是史上最大的公司，這個跨國公司是在一六〇二年由幾家貿易公司合併後成立。在接下來的兩百年，荷蘭東印度公司維持軍備、興建要塞、和土著統治者簽訂條約，在在表現得像是個殖民強權。它的貿易項目有香料、絲綢、咖啡、甘蔗和酒，擁有數百艘船艦，雇用數萬人。公司的運作以印尼為中心，在中國、日本、印度、斯里蘭卡和南非都有重要據點。

因為投資人可以購買荷蘭東印度公司的股票，它成了全世界第一家上市公司。從投資者的角度來看，這很有吸引力，因為它分散了風險。股東們不用把一切都押注在一艘船上頭，而可以投資少量金額在許多不同的航運探險。航海固然有利可圖，但也有巨大風險。海盜、暴風和壞血症都可能毀掉一次航行。商品價格可能出現突然的波動。就如同現代多數投資人偏好廣泛的股票投資組合，在十七世紀的投資人也較喜歡把他們的錢投資給一間大公司。投資人還喜歡的另一點是，荷蘭東印度公司是個獨占事業，由荷蘭政府授權它以國家名義獨家經營亞洲地區的業務。但是消費者要為此付出代價，因為這公司利用它的市場地位，在它控制的航線上收取超高的費用。

英國東印度公司的情況也大致類似，獨占的地位讓它得以鑄造錢幣、組織軍隊、徵稅、主持刑事法庭，以及從亞洲和非洲運送奴隸。它和荷蘭東印度公司的衝突，在印尼的馬魯古群島（當時稱為香料群島）引發了四次的英荷戰爭。在印度，英國東印度公司的權力幾乎完全不受制衡。透過軍隊的武力以及與印度地方統治者的協約，英國東印度公司控制了印度次大陸三分之二的地區——這個地區包含了今日的印度、巴基斯坦和孟加拉。7英國東印度公司以令人咋舌的方式觸及我們的世界。在美國獨立革命之初，它的茶葉被丟入波士頓的港口裡，它的鴉片在中國的銷售爭議，引發了鴉片戰爭。茶商湯瑪士．唐寧（Thomas Twining）和大學的捐助者伊利胡．耶魯（Elihu Yale），他們的事業起步都是在英國東印度公司（耶魯因貪汙被這家公司解雇，他的不義之財幫他創辦了以他姓氏命名的大學）。

缺乏資源是最大的風險

高風險的海上航行催生了巧妙的經濟學解決方法。在古希臘，組織航運的人們銷售「底押債券」（bottomry bonds），當船安全返抵港口時會支付高額利息，但如果船沉了就一無所得。一二九三年，葡萄牙的迪尼什一世（King Denis）建立了歐洲第一個海上保險基金，讓商人得以規劃航行，而不需承擔船難的全部風險。8 保險的起源，到今天都還具有現實意義。最有用處的保險，是承保具毀滅性的風險：像是房子被燒了、撞上昂貴的名車，或家中唯一經濟來源的死亡。但是，假如某個東

描繪英國東印度公司船隻從伍爾威治（Woolwich）出發的一幅版畫。

西價值不到一個月的收入，你可能寧可自承風險。投保你的房子，但犯不著投保你的手機。

綜觀歷史，人們面臨的最大風險是手上沒有任何資源。如果一開始就沒什麼錢，你很難防範貧窮。在中世紀社會保險尚未問世之前，貧困者幾乎得不到幫助。在英國，對於無工作能力者的協助源自強烈的道德觀念，認定社會福利只該提供給「值得幫助的窮人」（deserving poor）。在十六世紀，乞討者會受到鞭打、監禁、烙印（印上字母V代表「流浪漢」〔vagabond〕），甚至是絞刑。這讓許多無法工作的人面臨了要捱餓、還是要受罰的抉擇。

法國一五六一年的「穆蘭敕令」（Moulins Ordinance）建立了一套救濟貧困的制度，要求地方當局對窮人提供協助，同時也授權給當局，可命令身體健全的個人以工作來交換他們所得到的任何援助。英國一六〇一年的「濟貧法」（Poor Laws）也秉持著類似的邏輯，它透過教會的教區提供微薄的口糧，但是這些「教區麵包」並不分給「不值得幫助的窮人」（undeserving poor）。即使當社會有能力供養挨餓的人，還是有人很擔心這會削弱人們去工作的誘因。

莎士比亞在一五九〇年到一六一〇年之間創作了他大部分的劇本。觀看《哈姆雷特》或《羅密歐與茱麗葉》，我們會感覺詩人和他的世代與我們距離很近，同樣糾結在愛、希望與背叛的挑戰中。裡頭甚至也有經濟課——《暴風雨》（*The Tempest*）提醒我們全球商業貿易的風險，《威尼斯商人》探討了契約履行的問題，《亨利四世》則包含對匱乏問題的睿智觀察。

不過，從另一方面來看，莎士比亞距離我們很遙遠。他所處的是奴隸和迷信的時代。在十六和十七世紀，有近一百萬人因巫術的罪名而死。光是在德國一個鎮上，一天之內就有四百個人被殺，其殘酷的程度可見一斑。大部分犧牲者是貧窮的婦女，當中許多是寡婦。在一份耐人尋味的分析中，經濟學家艾蜜莉・奧斯特（Emily Oster）指出，歉收是女巫審判強有力的預測因素。[9] 每當經濟狀況惡化，人們就尋找替罪羔羊。女巫審判最盛行的時期，正好就是「小冰河期」最寒冷的時期：在一五九〇年代以及一六八〇年到一七三〇年之間。

鬱金香狂熱

鬱金香在十六世紀中葉從鄂圖曼帝國引入歐洲。鬱金香濃郁的顏色與當時歐洲所見的花卉大不相同。植物學家培育了不同的品種，創造出豐富色彩。園藝家還發現，讓球莖感染嵌紋病毒，有可能創造出帶有第二種斑紋顏色的花瓣。

荷蘭憑藉它強大的金融市場，在十七世紀成為鬱金香的中心。鬱金香是在六月到九月的休眠期銷售，這期間球莖可被挖掘並重新移植。

隨著鬱金香狂熱的增長，感染嵌紋病毒的鬱金香價格飛漲。這並非全然不理性，因為時髦流行的鬱金香只能透過感染病毒的母球莖出芽來繁殖，無法透過普通的種子繁殖。在一六二五年，一顆「永遠的皇帝」（Semper Augustus）的鬱金香球莖以兩千荷蘭盾售出，約相當於現在的一萬六千美元。[10] 一六三七年，價格暴跌了。

鬱金香市場的崩盤常被稱為史上的第一個金融泡沫。不過跟所有精彩的故事一樣，這個故事也有誇大的成分。經濟學家注意到，不尋常的天價只限

「永遠的皇帝」鬱金香在1620年代的歐洲引發騷動。

於最稀有的球莖（感染了嵌紋病毒的球莖），而且在五年的期間裡，價格下跌的幅度大概在三分之二到五分之四之間——並不像一些報導中所說的暴跌。

鬱金香狂熱鼓勵了人們的創新。到十八世紀初，荷蘭的植物學家已經創造出許多新的品種，風信子取代了鬱金香，成為歐洲最時髦的花卉。不同於其他金融泡沫，鬱金香狂熱也沒有影響到國家經濟，荷蘭在這段時期仍持續繁榮。

第4章

人類生活水準提升的關鍵時刻

——工業革命和《國富論》

在人類的漫長歷史中，生活水準的提升是一個相對而言較新的現象。如前面所見，農業革命促進人口增長，但大部分人的物質環境並沒有什麼變化。在日本，西元一〇〇〇年每個人一天的平均實質收入是二．八美元，在一七〇〇年則是二．九美元。[1] 這並不是什麼特例：在這個時代，子女的生活過得比他們父母更加富裕並不是尋常的事。事實上，有一位經濟史學家甚至更進一步主張，在十八世紀，世界上絕大部分人口的生活，並不比他們非洲大草原的老祖宗要好。[2] 他們身高沒有變高，平均餘命沒有增加，他們攝取的卡路里也沒有提高。在珍．奧斯汀（Jane Austen）小說裡悠哉喝茶的角色，在貧窮為常態的世界裡是絕少的特例。一般而言，經濟成長帶來的是更多的人口，但沒有帶來更好的生活水準。

這一切隨著工業革命而出現了變化。自此之後，平均餘命增加了一倍，實質收入增加了十四倍，平均身高也增加了約十公分。[3] 在現代經濟中，我們預期經濟成長會給每一代人帶來更高的生活水準。不過在工業革命前，經濟的成長零星而緩慢。

促成工業革命的要素

經濟學家羅伯特．艾倫（Robert Allen）主張，理解工業革命最好的方式是把它當成一系列環環相扣的革命。[4] 英國農業的生產力高，這要歸功選擇性的植物育種、土壤耕作的改善，以及輪作的制度。由於生產糧食所需的人力變少，英國經歷了「都市革命」，到了一七五〇年已經有四分之一的人口居住在城市中。都市化轉而推動了「商業革命」：這是倫敦和其他英國城市密集的社群網絡帶來的結果。進出口快速成長，民間銀行興起推動了航運貿易。城市同時也促進了創新。正如經濟學家阿弗雷德・馬歇爾（Alfred Marshall）稍後指出的，地理上的毗鄰而居創造了某種「氛圍」——在這樣的環境下，新的觀念被快速分享和改良。就如今天在矽谷的科技公司要比其他地方的公司更有生產力，實業家在工業革命時期的英國城市裡也較有生產力。

在環環相扣的革命中，最重要的就是技術。在十八世紀期間，「一股工具的浪潮席捲了英國。」[5] 詹姆士・哈格里夫斯（James Hargreaves）的珍妮紡紗機（spinning jenny）[6] 讓工人一次可以紡織多根紗線，最終讓生產棉線的效率在一代人之間就提升了一百倍。製鐵工業藉由以焦炭（coke）取代木炭（charcoal）、以普德林法（puddling process，或稱攪煉法）製造鐵塊，以及使用較大的冶煉爐而出現轉型。湯瑪斯・紐科門（Thomas Newcomen）在一七一二年發明了蒸汽機，之後詹姆士・瓦特（James Watt）在一七六〇年代和一七七〇年代再予以改良。英國豐富的煤礦蘊藏對蒸汽技術的成功非常重要，並開始了大氣層碳含量的累積，如今我們已經知道它是造成氣候變遷的原因。

「通用技術」(general-purpose technologies）是指可大力推動經濟發展，但往往需要一段時間才能發揮影響力的創新。以燃煤為動力的蒸汽機最終徹底改革了工廠、翻轉了航運、實現了火車旅行，然而製造業需要一點時間，才能充分運用煤的動力。當瓦特的專利權在一八〇〇年到期時，英國工廠使用的水力仍是燃煤動力的三倍。[7]第一條重要的鐵路線——從利物浦到曼徹斯特——直到一八三〇年才開通。要等到十九世紀中葉，英國的勞動生產力才有半數的成長是歸功

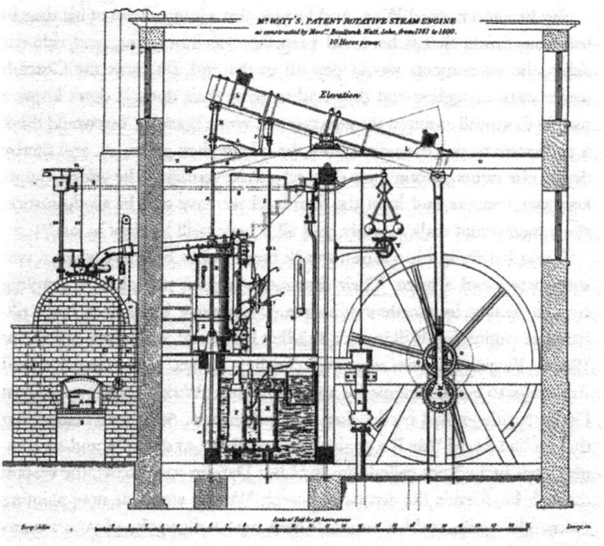

瓦特在1769年取得專利的燃煤蒸汽機。

於煤。工業革命持續這麼久的原因之一，是人們花了將近一百年的時間才充分運用了煤炭的潛力。

相同模式在其他通用技術也可以看到。電動馬達發明於一八八〇年代，但是它生產力的增長，要到一九二〇年代生產線重新配置，予以有效運用之後才顯現。類似的情況是數以百萬計的人們在一九八〇年代購買了個人電腦，但是這個新裝備生產力的增長，卻要等到一九九〇年代晚期，辦公室的作業為電腦做了重新配置之後。以煤動力、電動馬達和電腦而論，通用技術短期內毫不顯眼，但長期看來成果炫目耀眼。

制度對工業革命至關重要。資本市場讓投資人可籌募資金，保險市場讓他們得以避險。在英國，貨幣相對穩定，法院也相對獨立。英國君主的權力有所節制，國會議員普遍對工業和創業家態度友善。這為冒險進取和長期投資創造了有利的環境。[8]

經濟學的奠基之作——《國富論》

現代經濟學和工業革命系出同門。一七七六年三月八日，瓦特第一部盈利的雙缸蒸汽機進入了市場。[9] 隔天，另一位蘇格蘭人亞當．斯密（Adam Smith）出版了經濟學的奠基之作《國富論》（*The Wealth of Nations*）。《國富論》是具驚人原創性的思想產物。斯密在十四歲進入格拉斯哥大學（University of Glasgow），十七歲時開始在牛津大學貝里歐學院（Balliol College）攻讀研究生課程。他勇於挑戰傳統的精神或許源於他的牛津經驗。正如一位傳記作家所述，他所讀的學院是「屬於詹姆士黨／雅各賓派、托利黨、派系分明、奢侈揮霍，而且厭惡蘇格蘭人；而斯密本人則是長老教派、輝格黨、與人為善、一文不名的蘇格蘭人。」[10]斯密是個充滿熱情但有點古怪的人。據說他曾經穿著睡衣走出家門，腦子裡想著經濟學，一直走到十九公里外的鄰鎮之後才發現自己的錯誤。還有一次，他似乎是在熱切討論自由貿易時跌進了鞣製皮革的池子裡。[11]

《國富論》從描述一間別針工廠開始。斯密認為，一個工人獨自工作，一天下來能做出一支別針已屬幸運。但是一個十人的團隊，各自負責製作別針的不同部分，則每人每天可生產四千八百支別針。他同時也說明人們的自利心態，如何在市場制度下為社會帶來整體的好處，他說：「我們期待的晚餐，並非出自屠夫、釀酒師或麵包師的善心，而是出自他們對自身利益的關心。」市場扮演了強有力的協調角色。正因為如此，我們在指令經濟

（command economy）*裡，比在資本主義經濟裡更容易見到肉類、啤酒和麵包出現短缺。

斯密並不認為市場是完美的。不同於之後追隨他的一些經濟學家的看法，他擔心市場的壟斷、商業對政界的過度影響，以及企業之間的勾結。他寫道：「同行的人很少會聚在一起，一旦碰面，他們最後談的不外是對公眾的陰謀，或抬高價格的手段。」在當時，幾乎沒有什麼方法可以避免企業勾結危害公眾利益，或阻止他們運用市場力量哄抬商品價格，以及攏絡政府通過法律，阻撓新的競爭對手進場。

在工業革命開始的同時，政治的革命也在大西洋兩岸出現。美國獨立宣言（一七七六年）和法國大革命（開始於一七八九年）都是源於個人自由的原則。正如市場匯聚個體的偏好而形成價格和數量，民主的選舉也匯聚了個體的偏好來選擇政府。經過兩百多年後，情況已經很明顯：市場經濟國家的生活水準，要比控管經濟的國家更高。同樣地，民主體制往往比較富裕，對醫療和教育的支出更多。在歷史上，也從未有兩個完全民主的國家發生戰爭。[12]

自由市場和民主制度不一定相輔相成，但是它們之間存在某種協同作用。封建制度的

＊ 譯註：或稱命令經濟，是指透過規章、制度由上而下管理經濟，而非透過市場機制進行管理的一種模式。過去東歐和蘇聯透過中央計劃主導的經濟體制，就是最典型的例子。

崩潰讓人們了解他們可以自由選擇職業。當他們獲得更多經濟上的獨立，自然而然也希望在選擇自己的政府時有權發聲。

不過這個時期也是戰火煙硝四起的時代。從一七九二年到一八一五年這二十多年的時間，法國與一連串的歐洲對手展開連番衝突——史稱法國大革命戰爭與拿破崙戰爭（the Revolutionary and Napoleonic Wars）。拿破崙在一八一五年最終被擊敗時，已造成數以百萬人喪生。代價如此高昂的衝突也帶來總體經濟上的後果。與很多國家政府的做法一樣，英國政

詹姆斯・吉爾雷（James Gillray）的漫畫，他嘲諷政府的金融政策，導致人們把英格蘭銀行稱之為「老夫人」。

府在一七九〇年代決定印製更多的鈔票來支付軍費。自一七一七年以來，英國一直實行金本位制，允許持有紙幣的人以紙幣兌換黃金。在紙鈔的供應大量增加之後，英國政府暫時中止了紙幣持有者兌換黃金的權利，並在接下來三年將物價水平提高了百分之五十九。一張充滿貶損意味的漫畫，使得批評者開始把英格蘭銀行諢稱為「老夫人」（Old Lady），這個稱呼承襲至今。[13] 金本位制在大蕭條期間大致被人們放棄，一九四四年的布列敦森林協議（Bretton Woods Agreement）恢復了部分的制度，在一九七〇年代初期又被永久廢棄。

功利主義——最大多數人的最大幸福

這個時期的經濟思維有其哲學的根源。哲學家傑瑞米・邊沁（Jeremy Bentham）在一七七六年寫道：「衡量對和錯的標準，是最大多數人的最大幸福。」邊沁一般被視為是現代功利主義（utilitarianism）的創始者，這個觀念認為，如果我們有選擇的話，應該選擇為最大多數人創造最大的善的結果。

功利主義有時似乎顯而易見。假如有艘船要沉了，而你可以安全地讓兩倍的人搭上救生艇，其結果自然是兩倍的善。不過功利主義也可能推導出一些令人不安的結論。當一列火車朝著五個人駛來，你是否會按下開關，讓它轉向會撞死一個人的軌道？或者，假如你在一個醫療中心，有五個人各需要一個重要器官才能活命，你是否該從下一個進門的健康的人身上，摘下這五個必要的器官？

儘管偶爾出現令人不安的推論，功利主義仍是當今經濟學家主要使用的思維框架。在邊沁的研究基礎上，英國經濟學家威廉·史坦利·傑文斯（William Stanley Jevons）引入了更偏向數學的方法，解釋邊際效應遞減（diminishing marginal utility）的概念。任何一個在大熱天喝第一杯水比第二杯水更愉快的人，都能體會邊際效應遞減。這個簡單的原則有著令人驚訝的廣泛指涉意涵。它解釋了為何多數人喜好多樣的飲食，樂於到不同的地方旅行。不論對各類的人，邊際效應遞減都可用來為漸進稅率和社會福利的主張辯護。如果一美元帶給苦苦掙扎的人比帶給億萬富翁更多的快樂，那麼財富的重新分配確實可提升整體的效用。苦苦掙扎的人或許會拿這筆錢去看牙醫，而億萬富翁可能會選擇幫自己的私人飛機換一點更好的裝潢。

英國哲學家約翰·斯圖亞特·彌爾（John Stuart Mill）打造了「經濟人」的概念，把人們塑造成尋求最大福祉的人。[14] 彌爾也協助引入了機會成本（opportunity cost）——你所放棄的其他最佳事物的價值——的概念。舉例來說，夜班的工作比日班的工作有較高的機會成本。上夜班代表你犧牲了正常的夜間睡眠以及與朋友和家人社交的時間。同樣地，請假去攻讀全日制的企業管理碩士，必須付出失去收入的機會成本。機會成本也是有助做出決定的好方法。舉例來說，如果你對一筆昂貴的消費猶豫不決，一個方便的經驗法則是拿它跟花費這筆金錢的其他最好方式做比較。或許購買那套時髦外衣的機會成本，是去參加你最喜愛樂團的演唱會。

新發明與技術變革改造了世界

時代的發明，塑造了時代的知識發展。一八三五年，德國化學家尤斯圖斯·馮·李比希（Justus von Liebig）藉由在玻璃上鍍一層薄薄的銀，發明了現代的鏡子。這是歷史上第一次，人們可以準確看到自己的樣貌。如歷史學家史蒂芬·強森（Steven Johnson）所說的：「在鏡子問世前，普通人從沒有看過自己真正準確呈現的容貌，只能從水池裡或是拋光的金屬上，看到零碎、扭曲的一瞥。」[15] 鏡子讓藝術家得以畫出自畫像。它們創造了更加以自我為中心的世界，這有助於推動現代資本主義和市場體系。回過頭來，這也增加了鏡子的銷售量。

鐘錶也重新改造了社會。隨著鐘擺的發明，時鐘變得比日晷更加準確，家用的時鐘開始普及。隨著游絲（balance spring）的發明，錶的準確度大幅提升。計時裝置的改良促使發明家們為時鐘加上了分針（之前因為不夠準確而不需要）。這讓工廠得以排定輪班班次，並合理預期工人們會準時出現。仰賴行車時刻表的火車旅行變得更便利。準確的計時是海上旅行的福音，因為航海天文鐘（ocean chronometer）讓船隻得以判定它所在的經度。高品質的鐘錶加速了從家庭生產到大規模生產、從家庭教育到公立學校教育，以及由前工業時代的不規律生活節奏，過渡到工業時代的紀律化的轉變。16

並非每個人都對奠定工業革命的新發明感到興奮莫名。在一八一一年，一群滿肚子怨氣的紡織工人秘密開會，並以筆名內德·盧德（Ned Ludd）之名寫信給工廠老闆，威脅工廠如果繼續使用機械紡織機，就要把它們砸毀。數以千計的工人聲援他們的訴求，傳說中的盧德就和俠盜羅賓漢一樣，住在謝伍德森林。這些所謂的盧德份子（Luddites）甚至得到了詩人拜倫的支持，他在上議院的第一次演說裡主張盧德份子「誠實且勤勞」，他們的暴力行為是源於其「無以倫比的苦難」。拜倫的看法只是少數人的意見。英國政府通過了法律，將砸毀機具定為可處死刑的重罪，並且動員了大批部隊來對付他們，鎮壓盧德份子的士兵人數，甚至一度多於與拿破崙對戰的人數。數以百計的盧德份子因所犯罪行而被流放至澳洲。

雖然手搖紡織機工人在這個時期的實質薪資下降，但是盧德份子宣稱技術變革會造成大量失業的說法並不正確。[17]在一八一一年到一八二一年這十年之間，英國經濟中的工作數量增加了超過百分之十。[18]

英國以教區為基礎的福利制度假設了發放福利的人也認識受助者，但隨著人口成長和

刻畫盧德運動中虛構人物內德．盧德的雕版畫。

流動性增加，這種做法逐漸變得困難。這也促成了立場客觀的勞動濟貧所（workhouse）的出現，這套制度認定窮人天生懶惰，因此只能用辛勤的工作換取生計的保障。英國在一八三四年頒訂的新「濟貧法」，即由勞動濟貧所為需要幫助的人提供食物和住宿。

但是這些濟貧所並不想供養所有的人，於是他們多加了一些措施，讓住在裡頭的人感到特別不愉快，例如像是囚犯般的制服，以及男女必須分居的規定。由於英國的菁英階級是靠繼承的土地房產賺錢的「地主仕紳」，很顯然窮人明明比富人工作更加努力。十九世紀的小說家如喬治・艾略特（George Eliot）、湯瑪士・哈代（Thomas Hardy）、查爾斯・狄更斯（Charles Dickens）自不會放過這種雙重標準的

西敏聯合濟貧所裡的婦女。

偽善做法，他們如實描繪了勞動濟貧所制度的殘酷。在馬鈴薯歉收的一八四〇年代，愛爾蘭國內的濟貧法全然無濟於事。大約有一百萬人死於饑荒，還有大致相當的人口逃離了這個國家。

巴斯夏與李嘉圖的貢獻

迫於必須和新產品競爭，實業家們往往轉向政府求助。他們的說法遭受法國經濟學家弗雷德里克．巴斯夏（Frédéric Bastiat）的嘲諷，他寫了充滿諷刺意味的請願書，主張燭台製造商根本無力和「製造光的條件明顯遠優於我們，具有壓倒性競爭優勢的對手」互相競爭。為了和這個對手——也就是太陽——相競爭，這份請願書中要求立法，規定無論何時都應該把窗帘放下。它說，如此一來將可為農民、捕鯨人，以及燭台的製造者創造就業。

巴斯夏以挖苦的筆法點出經濟學的一個重要觀點：阻止新科技的成本往往不會被看見。假如人們使用更多蠟燭，他們就不得不減少在其他方面的花費。巴斯夏在另一份意在諷刺的請願書裡，懇求政府禁止所有人使用右手，他的理由是如此一來可大量增加對勞工的需求。有時人們將它稱之為「工作總量謬誤」（"lump of labour" fallacy）——認定需要完成的總工作量是固定的，可以簡單地重新分配在人口中。實際上，由於工作者同時也是消費者，令勞工生產力減少的變革，多半也會減少他們的收入，致使他們縮減開支，繼而對經濟造成負面的影響。

巴斯夏被譽為「有史以來最聰明的經濟記者」。[19] 考慮到巴斯夏因肺結核早逝，他在公領域的事業僅持續了六年，他對經濟學的影響更顯得不同凡響。儘管經濟學的原則多半由英國和北美的思想家所建立，但法國思想家在十八和十九世紀的影響特別深遠。英文中自法文引入的詞如「創業者」(entrepreneur）和「放任政策」(laissez faire)，便反映了這個時期法國的影響。

工業革命的技術變革與貿易的成長相伴相生。到了十九世紀，貿易已經改變了全世界人們的生活。棉花和羊毛製品大量湧入中國，其他產品還包括火柴、針、雨傘和玻璃窗。[20] 此時一般的歐洲人會喝茶、吃巧克力，並用銀幣進行交易。

並不是每個人都喜歡貿易，最簡單的理由是便宜的進口商品會讓國內的製造商破產。製造商認知到這一點，會遊說立法來阻擋進口。會損失很多的一小部分人，他們在政治上的影響力往往大過於有微小獲利的大多數人。即使多數人獲得利益的總數超過這一小部分人的損失也是如此。政治上的這種態勢促使英國在一八一五年對穀物進口課徵關稅，以保護本地的農民，結果導致英國小麥價格是荷蘭小麥的兩倍。[21] 這場「穀物法」（the Corn Laws）的爭議，日後將證明是經濟學發展的關鍵時刻。早期反對關稅的倡議者之一，就是大衛．李嘉圖（David Ricardo）。

李嘉圖在年輕時擔任股票交易員獲取大筆財富，之後他投入了政治和學術生涯，花錢買下了國會的一個席位。他開始對經濟學著迷，在假期間偶然發現了斯密的作品，決定在他的國會生涯中要致力廢除「穀物法」，他相信如此一來會讓英國成為「全世界最幸福的國家」。[22] 李嘉圖的著作不像斯密那般容易理解，他的一個國會同僚形容他「論證的方式，猶如他是從另一個星球掉下來的人。」[23] 然而，他引入了比較優勢（comparative advantage）的概念（我們已在前面談過）——這個基本原則解釋了為什麼連最沒有生產力的國家，也可以從貿易中獲利。雖然李嘉圖在「穀物法」廢止之前就已經過世，他對英國走向自由貿易仍扮演了重要的角色。

第 5 章

充滿創新與冒險精神的十九世紀

——貿易、旅行和技術起飛

在一八四〇年代，連年的歉收推高了英國穀物價格。這十年後來被稱為「飢餓的四〇年代」（the "hungry forties"）。城市實業家的實力日益壯大，為鄉下的貴族增加了壓力。有一段時期，經濟學成了英國政治辯論的主角。一八四三年，《經濟學人》（*The Economist*）在「反穀物法聯盟」（Anti-Corn Law League）的協助下創刊。按早期的雜誌編輯沃爾特·白芝浩（Walter Bagehot）的說法：「世界歷史上或許從未有一個時期，有如此眾多興奮的男男女女注意聆聽某人討論政治經濟議題。」[1] 自由貿易的辯論在全國各地沸騰，並以詩歌、刺繡、半身雕像和糕點等方式予以紀念。[2] 一八四六年，「穀物法」遭到廢除。根據一份分析，只有前百分之十收入最高的英國人變得更糟，底下百分之九十的人都獲利。自由貿易的勢力打贏了這一仗。

自由貿易之戰

在別處，貿易是實實在在的戰爭。由於中國政府拒絕英國貿易商進口鴉片，英國政府代表鴉片貿易商出動軍艦展開攻擊。在廣州、香港、杭州、寧波、鎮江的一系列戰鬥之後，超過三千人喪生。一名學者把英國的攻擊行為形容為「毒品帝國主義」（narcoimperialism）的實例。[3] 衝突的結果是一八四二年簽訂的「南京條約」，根據條約，中國同意多開放五個港口，以及把香港割讓給英國。在往後的四十年內，中國每年進口的鴉片超過六千公噸。[4]

受到英國「不貿易、就沒命」(trade or die）的政策鼓舞，美國在一八五三年派出了四艘軍艦到日本，命令日本終結貿易的限制。這次的入侵有助日本終結幕府時代。在這七百年的時間裡，日本由大權獨攬的幕府將軍所掌控，最後一個德川幕府削減貿易，限制外交關係，基本上禁止所有進出日本的旅行。一八六七年的明治維新把權力集中在天皇的手上，讓日本開始對全世界開放。

1842年7月，中英鴉片戰爭中的「鎮江之戰」。

明治政府還特別重視教育，從而使日本更快速接納外來科技。

在「富國強兵」的口號下，日本現代派的改革者廢除了階級制度，並准許人民自由選擇職業。[5]當時人數近兩百萬的武士階級，被國家軍隊和男性義務兵役所取代。日本政府優先投資在鐵路和電報系統，並改造西方的技術，以配合日本勞動力比歐洲和北美廉價的實際情況。和西方列強簽訂的條約，設定了日本關稅的上限為百分之五，讓日本無從拒絕外國的競爭。相較之下，國家主導的經濟發展則成了日本生產力快速提升的關鍵。

博學多才的美國人班傑明・富蘭克林（Benjamin Franklin）曾經寫道：「不曾有一個國家因貿易而滅亡。」不過儘管歐洲和北美鼓勵其他國家對外開放，他們本身也設定進口關稅，部分原因是國庫收入的需求。在所得稅廣泛課徵之前，關稅是許多國家的主要收入來源。例如拿破崙戰爭和美國南北戰爭等，多半是透過提高關稅來提供軍費。

關稅利於管理，且有助政府預算，但是卻對整體經濟不利。關稅被比喻成國家為了阻礙航運而把石頭丟入自己的港口裡。不論貿易夥伴怎麼做，移除石頭（廢除關稅）都對國家有利。但是在實務上，各國在政治盤算上，往往重視出口更勝於進口。按照這種「重商主義」(mercantilist）的做法，他們往往要等貿易夥伴減免關稅之後，才願意比照辦理。一個這類型的早期協議出現在一八六〇年，當時英國同意移除幾乎所有的關稅，以換取法國降低它的關稅。這個協議包含了一個「最惠國待遇」的條款，這意味著貿易夥伴也能得到你給予其他任何國家的最好待遇。在接下來大約十年的時間裡，歐洲各國紛紛達成了貿易協議，他們的最惠國待遇條款協助了自由貿易在歐洲各地的散播。[6] 貿易具有將生產和消費二者「分拆」（unbundling）的效應。[7] 貿易意味著東西不再需要在同一個國家製造和銷售。

貿易與工業革命的成果由誰享有？

這個時期的貿易本應該有助最貧窮國家的成長。畢竟帝國在統轄範圍內，基本上都是以自由貿易區的方式運作。蘇伊士運河在一八六九年的開通，讓倫敦到阿拉伯海的航行距離縮短了將近一半。不過，帝國嚴格限制商品從其殖民地運送出口的範圍，管理貿易時考量的是帝國核心、而非帝國邊陲的利益。在這個時期，西歐的經濟體開始遠遠拋開世界其他地區。從一八二〇年到一九〇〇年，歐洲生活水準提升超過了一倍，而亞洲和非洲的生活水準則完全沒有提升。[8]

法人團體（corporation）的概念是推進工業革命的根本。正如荷蘭和英國的東印度公司讓投資者可以分散多個航海探險的風險，產業領域的公司也讓提供資金的人分攤這個時代新產業的風險。從羅馬時代就有公司的存在，但是它們在具風險的事業中顯得更加重要，例如礦產的探勘、興建通往新區域的鐵路，或是銷售新的產品。法人團體也鼓勵專業分工，它提供一個平台，讓有錢的投資人來支持一文不名的創業者的商業理念。英國在一八五五年通過了「有限責任法案」(Limited Liability Act)，規定公司如果破產，債權人不能向個別的股東追討他們的債務。

法人團體解決了如何讓投資人把錢投入高風險事業的問題：限制風險的下限，讓業主不致損失超過他們所投資的金錢。但這也讓法人成了大雇主，它談判的能力遠遠超過了個別的勞工。解決這個問題的辦法是建立工會，由勞工組織來要求更好的薪資和工作條件。不過在工業革命剛開始的前幾十年，工會仍是非法的。在一八三四年，六名後來被稱為「托爾普德爾烈士」(Tolpuddle Martyrs)的農工，因組織工會而遭到遣送澳洲的懲罰。經過公開遊行和八十萬支持者的連署請願之後，他們的罪名才被撤銷。這顯示了社會上對勞工權利的強大支持。

工業革命的成果花了意外長的時間才惠及英國勞工。到一八三〇年代，距工業革命開始過了半個世紀之後，實質工資仍幾乎毫無成長。其他的指標也顯示類似的模式。英國在十九世紀初期的平均餘命介於三十五歲到四十歲之間，沒有比十六世紀時高出多少。[9]更糟的是，城市居民的平均餘命比鄉村居民還少了十年，這是因為不衛生且擁擠的環境造成疾病的蔓延。這個時期的醫藥幫不了太多忙：用水蛭放血、服用水銀，以及喝威士忌酒是常用的療法。不過到了一八四〇年代，英國的工資開始上揚，其他發展指標也出現同樣成長。從一八二〇年到一八七〇年，識字率已經從總人口的二分之一增加至四分之三。10

伴隨工業革命而來的，是工業規模的戰爭。從一八六一年到一八六五年，美國南北戰爭禍延全國。隨著大量生產的武器、鐵路、蒸汽船，以及電報的使用，南北戰爭不管在規模上或慘烈程度上都是工業級的。超過六十萬戰士失去了生命，相當於五個士兵中就有一人死亡。在戰爭結束後，超過三百萬被奴役的人得到了自由。

對經濟學家來說，美國南北戰爭的一個驚人特色是雙方資源的不對等。有較多的人口和較大的經濟規模並不保證勝利（特別是如果有一方願意在衝突中投入更多的資源）。不過畢竟有錢才是老大。正如俗話說的，上帝通常是站在兵力雄厚的那一邊。

在戰爭開始的時候，北方擁有兩千一百萬人口，是南方九百萬人口的兩倍多。南方基本上是農業經濟，北方則生產了全國百分之九十的製造產品。更重要的是北方生產了全美國百分之九十七的槍枝。

從經濟的觀點來看，這場戰爭值得注意的反倒是南方堅持如此之久。北方軍在戰術上的拙劣失誤延後了戰事的結束，不過最終兩邊的經濟差異決定了勝負。在南北戰爭期間，南方藉通貨膨脹支付了百分之六十的軍費支出（相較於北方是百分之十三）。[11] 在戰爭結束時，南方印的鈔票如此之多，以致商品的價格是開戰時的九十二倍。

勞工權利、福利制度、醫療衛生技術的重要改革

在這個時代，國家已紛紛建立，但跨越邊境的旅行基本上仍不受阻礙。很少人持有護照，要到另一個國家通常只消坐上火車或是搭上船。一八五一年，澳洲城鎮巴拉瑞特（Ballarat）發現了大金礦，掀起大量湧入的移民潮。在隨後的二十年間，移居到澳洲的人口成長了四倍，從四十四萬人增加至一百七十萬人。在一個世紀之前，英國的殖民者基本上只把澳洲當成一座露天的監獄。到了十九世紀後期，運送囚犯的工作已經停止，而移民正從歐洲、亞洲和美洲湧至。許多人想試試淘金的運氣，但也有相當多人從事其他產業，他們的工資基本上都比在他們離開的國家的工資要高出許多。

年長大師與年輕天才

經濟學家大衛・加倫森（David Galenson）在分析創作生涯時發現了一個有趣的模式。[12] 最佳作品出現在較年輕時期的創作者，往往是由單一開創性構想所驅動的觀念派（conceptualist）。相對地，在晚年產出傑作的創作者通常是實驗派（experimentalist），他們的作品是從反覆嘗試和錯誤中逐步形成。

在藝術家當中，拉斐爾、維梅爾、梵谷和畢卡索是觀念派，他們在年輕時期就創作出他們最重要的作品。畢卡索二十五歲時畫出他突破性的立體派傑作《亞維儂的少女》。林布蘭、米開朗基羅、堤香和塞尚是實驗派，他們在晚年完成了最重要的作品。塞尚曾說，他感覺總是朝著完美的路上緩慢前進。

詩人E・E・卡明斯（E. E. Cummings）和雪維亞・普拉絲（Sylvia Plath）從內心世界汲取靈感，以概念構築詩作，在二、三十歲創造了他們最好的作品。另一方面，瑪麗安・摩爾（Marianne Moore）和華萊士・史蒂文斯（Wallace Stevens）則從觀察日常生活的真實經驗取材，在四十歲之後產出他們的重要作品。

觀念派的小說家包括詹姆斯．喬伊斯（James Joyce）和赫爾曼．梅爾維爾（Herman Melville），他們在年輕時創作了最佳作品。年長的大師則包括狄更斯和維吉尼亞．吳爾芙（Virginia Woolf），他們的實驗是試圖反映周遭的世界。電影導演奧森．威爾斯（Orson Welles）是觀念派的年輕天才，在二十六歲就拍出了《大國民》（*Citizen Kane*），而克林．伊斯威特（Clint Eastwood）是實驗派的年長大師，要等過了六十歲才成為重要的導演。

觀念派的人發現；實驗派的人找尋。

美國詩人摩爾於1951年獲得普立茲獎和美國國家圖書獎，時年63歲。

澳洲勞工賺得比英國和美國勞工多，部分的原因在於澳洲的雇員稀缺。這讓澳洲勞工有著比北半球勞工更大的權力。在一八五五年的罷工行動之後，雪梨的石匠成了全世界第一批贏得八小時工作制權利的勞工。由於土地廣大和人力稀缺，澳洲在一八八〇年代的工資是全世界最高的，同時澳洲勞工運動也在政治上扮演了具有影響力的角色。在接下來幾十年內，澳洲將成為全世界最先允許婦女投票以及參選公職、設定全國最低工資，以及把選舉日定在星期六（盡可能提升投票率）的國家。

在其他地區，這個時代也見證了福利國家的重大發展。在一八八〇年代，面對社會民主黨在選舉中的步步進逼，德國首相俾斯麥（Otto von Bismarck）將一整套提供包括健康保險、意外險和老人殘障年金的改革方案送入國會。這個改革在當時獨步世界，但以今日的標準看來並不起眼。支撐俾斯麥健康保險的「傷病基金」，有三分之二的資金由勞工負擔。老人年金提供的對象是年過七十的人，在當時一般的三十歲德國人，預估只能活到六十歲出頭。[13]

在此同時，一些醫療衛生的重要創新則來自於法國。到一八六〇年代，法國已經建造了一個全世界最大的下水道系統——對應其街道的布局。作家雨果（Victor Hugo）形容它是「一道美麗的下水溝；由純粹的風格主宰著一切」。在十九世紀中葉，各國紛紛在世界博

遊客參觀尤金·貝勒格朗（Eugène Belgrand）和奧斯曼男爵（Baron Haussman）設計的巴黎最先進下水道系統。

覽會上展示他們的創新，而在一八六七年法國的「萬國博覽會」中，就是為遊客們導覽下水道。巴黎人的住宅很快都連結到了這套新的下水道系統，協助抑制了傳染病的盛行（或許可稱之為「下水道收益」〔the drain gain〕）。法國科學家路易·巴斯德（Louis Pasteur）自己有三個孩子死於傷寒，他發展出關於疾病的細菌理論，對提供更乾淨飲水和隔離傳染病病患等政策也扮演著重要角色。在工業革命之初，傳染病是城市居民死亡率高於鄉村居民死亡率的主要原因之一。有遠見的政府讓城市變得更安全，又進而加速了城市化的進展。

法國產科醫生史蒂芬·塔尼耶（Stéphane Tarnier）發明保溫箱以維持早產兒的生命。塔尼耶在一八八〇年參觀巴黎動物園時，看到了外來鳥類孵化器的展示，領悟到同樣原則也可以應用在新生兒身上。三年之間，他的發明讓醫院裡體重不足嬰兒的存活率，從百分之三十五大幅提升到百分之六十二。[14] 隨後幾十年，更好的嬰兒照護被證明是提高平均餘命的重要因素。嬰兒死亡率的降低，讓許多家庭免於承受埋葬孩子的悲傷。而且，知道孩子更有可能存活，婦女也減少了生育的次數。法國政府在一八九三年推出一套針對窮人的有限免費醫療計畫，結果大受歡迎，接下來十年的擴大實施，完全超出了當初設計者的預期，這也反映了法國在這個時期對醫療衛生改革的關注。

「大富翁遊戲」背後的故事

經濟成長為這些社會改革奠立了基礎，但它同時也導致經濟權力的集中。在美國，約翰．洛克菲勒（John D. Rockefeller）的標準石油公司（Standard Oil Company）透過購併或是排擠等方式，基本上消滅了所有的競爭對手。到一八八〇年，它已控制了百分之九十的煉油產業。洛克菲勒和他的合夥人接著成立標準石油信託公司（Standard Oil Trust）*——這是一套複雜的法律結構，用意是保護公司營運不受監督。在它的保護之下，組織得以運

* 譯註：此處的「Trust」（托拉斯），乃公司股東將其所持有之股票託付給一個受託理事會，並賦予該受託理事會權力全權負責，如此即可突破法律限制，透過受託理事會掌控散布全美各地的許多公司。因此，「托拉斯」（Trust）一詞，其字義便由原來之信託，演變為操縱市場的組合，而反托拉斯（Ant - Trust）則成為反獨占、反壟斷的代名詞。

用它的壟斷力量來拉高價格和利潤。為了對付這個問題，美國國會在一八九〇年通過「休曼反托拉斯法」（Sherman Antitrust Act）。不過要等到下一個十年，反托拉斯法才開始認真執行——這有一部分要歸功於艾妲・塔貝爾（Ida Tarbell）等調查記者，為揭露標準石油公司組織架構所做的努力。

揭發壟斷事業的努力未必都得到預期的結果。在十九世紀後期，康內留斯・范德比爾特（Cornelius Vanderbilt）、洛克菲勒和安德魯・卡內基（Andrew Carnegie）這類所謂的「強盜大亨」大權在握，令女性主義作家莉茲・瑪吉（Lizzie Magie）深感憤怒。瑪吉閱讀經濟學家亨利・喬治（Henry George）的思想，讓她認識到何以獨占事業讓極度富有和極度貧窮同時並存。之後她開發出了一套名為「地主遊戲」（The Landlord's Game）的桌遊，目的是做為批判獨占權力的互動式教材。瑪吉的用意是要讓玩家了解，奪取土地是如何讓地主更加富有、而讓佃農更加貧困。不過三十年之後，帕克兄弟公司（Parker Brothers）製作了一套改良版的「地主遊戲」，去除了原本的激進色彩，並以「Monopoly」（中文譯名為「大富翁遊戲」或「地產大亨」）之名宣傳其遊戲產品，最大的壟斷者就是遊戲的贏家。瑪吉得到了五百美元的酬勞，但是遊戲不只沒有她的掛名或對她的認可，也沒有達成她期望給社會正義帶來的長久影響。

十九世紀結束時，幾個全世界成長最快速的城市都在美國。原因之一是美國的城市規劃者多傾向於將街道以網格狀布局，而許多歐洲較古老的城市則會遵循當地的地形，或以放射狀的模式規劃。放射狀的布局讓城市較易於防守，網格狀則在經濟上較有效率——它能最大程度利用到臨街面（street frontage），同時也較容易讓住家與下水道系統和交通線路相連接。芝加哥是全世界網格化最高的城市，羅馬則

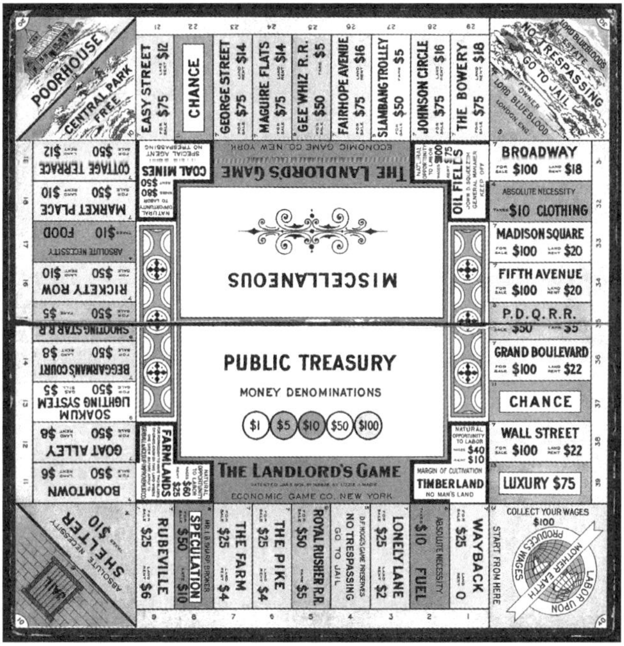

在原版的「大富翁遊戲」中，華爾街是最有價值的街道之一，這款遊戲創作的本意是要提出嚴厲的警告。

是網格化程度最低的城市之一。[15]

世界上第一批摩天大樓多半是在網格狀的城市出現。到一八九〇年代，芝加哥、紐約和聖路易都可以找到至少十層樓高的建築。摩天大樓需要兩個關鍵的技術。貝塞麥轉爐煉鋼法（the Bessemer process）讓支撐高樓結構重量的鋼梁得以大量生產；客用電梯則讓人們可以到達高樓層。雖然這些技術在世界各地都可取得，但是各國的規範也會影響它們在哪裡興建。在二十世紀初，比較嚴格的消防安全和區域劃分法，限制了摩天大樓在許多歐洲城市的發展，至於美國則給了開發商較大的自由。至今世界各國的天際線仍可看出這樣的差異。

第 6 章

二十世紀初最重要的經濟發展

——馬歇爾經濟模型、現代工廠和移民

在二十世紀之初，英國的馬歇爾是全世界最有影響力的經濟學家。他在一八九〇年的著作《經濟學原理》（*Principles of Economics*）中，充分運用了他的數學才華（他在劍橋大學的數學考試中曾獲得「第二牧馬人」*的顯赫頭銜），並著重在運用經濟學來提升社會福祉。馬歇爾寫道，供給和需求就像是剪刀的兩片刀刃。在以價格為一軸線、數量為另一軸線的圖表上，代表供給的那一條線通常是向上傾斜，因為當價格越高時，就會有越多的人願意提供這項商品或服務。代表需求的那條線往往是向下傾斜，這是根據一般人所熟知的邊際效應遞減概念：消費者擁有某件商品越多，他們願意為每件額外商品支付的費用就越低。對供應者來說，價格和數量是一起增加的；對消費者來說，價格和數量則存在負面關係。在這兩種情況下，他們都是在做權衡取捨：價格提高，會使得新的供應者只專注製作這件商品，不再做別的；然而價格越高，也會令一些既有的購買者不再消費這件商品，而改選擇別的替代品。

這兩條線相交的地方就是「市場均衡」（market equilibrium）——也就是供給和需求相平衡的點。假如馬歇爾在一九〇〇年想要購買一顆鑽石，他應該會注意到市場反映的是買方獲得鑽石的意願和賣方把它脫手的意願。所謂的「均衡價格」是當賣方願意賣出的數量正好匹配買方願意購買的數量時的價格。更早期的經濟學家也曾製作過供需圖，不過這類的圖仍被稱作「馬歇爾交叉（雙剪）」（Marshallian Cross），因為是他對這個模型做出了最完整且最有說服力的描述。[1]

考慮生產者時，馬歇爾對它的固定成本（像是它擁有的土地和建物）和變動成本（像是它的勞動力和使用的原料）做出了區分。長期來看，一家公司如果無法支付維護和變更資產的成本，公司最終將會破產。不過從短期來看，最容易影響公司產品價格的是它的變動成本。隨著水的成本變動，棉花的價格馬上就會受到影響，至於機具成本提高的影響，則要較慢才會感受到。

馬歇爾精通數學，不過他的教科書大受歡迎的原因在於他善用圖表和例子傳達概念——經濟學家此後多用這個方法來教導學生。馬歇爾曾如此總結他這套方法：「一、要把數學當成速記語言，而非探問的工具。二、堅持使用它直到完成。三、翻譯成文字（英文）。四、接著，用真實生活中重要的例子來闡述。五、把數學扔了。六、如果你在步驟四不能成功，就把步驟三給扔了。我自己常這樣做。」換句話說，經濟學家應該運用數學，

＊編按：當時劍橋的學生要拿到學士學位必須通過一門數學考試，通過考試的考生依照成績分成三等，第一等的考生中成績最高的稱為「高級牧馬人」（Senior Wrangler），第二名則稱為「第二牧馬人」（Second Wrangler）。

把它當成闡述世界的實用工具——但切勿沉迷在無法說明經濟學如何運作的深奧數學中。現代的經濟學家應該多聽聽馬歇爾的建議。

美國聯準會離奇的創辦故事

馬歇爾用令人驚嘆的清晰文字說明重要概念。在某些例子裡，我們不免驚訝這些概念為什麼這麼晚才出現。市場和數學，千百年來一直伴隨著我們。英文的「經濟學」（economics）一詞源自古希臘文「oikonomia」，或可粗略翻譯為「家庭管理」（household management）。古代希臘的數學家理解畢氏定理、能大致估計圓周率的值、能估算拋物線下方的面積，然而一個對供給和需求扎實的說明，卻一直要等到二十世紀初才出現。

二十世紀初期也見證了一個至為重要的經濟機構的成立：美國聯邦準備系統（US Federal Reserve，簡稱聯準會〔Fed〕）。美國聯準會並不是第一個中央銀行，但是它離奇的創辦故事還是很值得重述一遍。在一九〇七年，當銀行業的崩壞威脅到整個體系時，主要金融家J・P・摩根（J. P. Morgan）召集了同行到他位在麥迪遜大道的豪宅，然後鎖上了門。他告訴他們：「咱們把麻煩事在這裡解決吧。」摩根承諾投資數百萬美元給陷入危機的銀行，並說服他的同業們比照辦理。恐慌就此消散。

三年之後，美國主要的商業銀行再次採取主動，在喬治亞州的哲基爾島（Jekyll Island）召開十天的秘密會議。銀行家們假裝是來此狩獵野鴨，各自在不同時間搭上火車，以免一起出現被人看見。據說甚至有一位銀行家還扛著獵槍，以增加狩獵之旅的真實感。這份報告提議了後來美國聯邦準備系統的架構，最終由十二家具有發行貨幣權力的地區性銀行組成。經過美國國會幾次氣氛緊張的談判後，美國聯準會在一九一三年創立。美國終於不用完全依賴這些財閥來避開下一場銀行業危機。

中央銀行自十七世紀就已經存在（阿姆斯特丹銀行、斯德哥爾摩中央銀行，以及英格蘭銀行都是在十七世紀成立），但是在二十世紀，各國央行在穩定經濟體系上扮演了越來越吃重的角色。普通商業銀行利用來自短期存款的資金進行長期的借貸。由於借短貸長，即使是管理再怎麼良好的銀行，當存款戶同時要求領回存款時，都可能出現現金不足的問題。中央銀行透過對存款人的擔保，可以避免銀行擠兌，使金融系統更加穩定。在通常的情況下，這不需要轉手一分錢：當人們知道他們的存款得到保障，恐慌即可避免。我們或可把金融穩定視為一份公共財（public good）：它的好處會遍及所有人，不會因享有更穩定體系的人數增加而有所減損。在現代，中央銀行還有一個鎖定通膨目標的重要角色，這一點我們稍後會再談。

汽車、零售業的創新

這個時期最熱門的一項新產品是汽車，而它的演進主要歸功於專業分工。一開始，汽車是令人稱羨但難以負擔的商品，不過福特汽車的一名高層主管彼得・馬丁（Peter Martin）在一九〇八年提出了生產線的構想。馬丁的靈感來自參觀芝加哥的一間屠宰場，裡頭被屠宰的牲口在工人之間移動，每個工人切下一塊標準尺寸的肉塊。在底特律的一個工廠裡，生產線的實驗證明它可以讓工人們大幅加快生產汽車的速度。當這套系統開始運作，汽車

福特汽車在美國密西根州迪爾伯恩（Dearborn）的生產線。

從生產線完成的速度如此之快，讓福特決定不再讓顧客選擇自己汽車的顏色。事實證明，黑色的汽車顏料乾得最快。於是，如同亨利·福特（Henry Ford）在自傳裡所寫的，他決定買車的顧客「可以選擇任何他想要的車子顏色，只要是黑色就行」。[2]生產線如今是許多製造廠標準配備的一部分，不過在當時對製造流程是一個相當激進的轉變：汽車是朝它的零件移動，而不是工人拿零件朝汽車移動。

創新也改造了零售業。一九〇九年，哈里·塞爾福里奇（Harry Selfridge）在倫敦的牛津街開設了一家新型態的百貨公司。這家公司的目標是要讓購物變得有趣。他設計商店的格局，讓顧客可以把玩待售的商品，鼓勵員工殷勤接待女性購物者，並訓練員工專精不同的產品線。塞爾福里奇很聰明地把香水櫃檯安排在一樓，熱情地稱呼他的顧客們為「來賓」，並在廣告裡打著「顧客永遠是對的」的口號。

也有一些零售業者專注於價格。法蘭克·伍爾沃斯（Frank Woolworth）在美國開設了一系列專賣五分錢和十分錢商品的商店。據說這些「五分和一角商店」（five-and-dime stores）的經營原則是「商品高高堆起，價格低低售出」（pile 'em high and sell 'em cheap）。[3]一九一二年，伍爾沃斯的股票上市，在全美國有五百九十六家分店。憑藉這麼龐大的門市網絡，他們得以運用強大的購買力和供應商談判，要求提供更低的價格。沃爾瑪（Walmart）、永旺（ÆON）、奧樂齊（Aldi）、特易購（Tesco）及家樂福（Carrefour）是這種零售策略的現代繼承者，他們為消費者提供較低的價格，給股東們更豐厚的回報，但同時也壓榨了供應商和獨立的個別零售商。

技術的創新也影響了物質使用（substance use）。在一八八〇年代，詹姆士・邦薩克（James Bonsack）的捲菸機徹底改變了這個產業，到一九一〇年代，香菸的消費已急速上升（在美國盛行的最高峰是在一九六〇年代，半數的男性有抽菸習慣）。海洛因在一八九八年到一九一〇年之間，是可自由購買的非處方藥，被拜耳公司（Bayer）當止咳藥行銷。直

在紐約早期的一家伍爾沃斯商店。

到二十世紀初，可口可樂都還在它的飲料裡添加古柯鹼。在一九一三年，有專家宣稱美國有近四分之一的醫師對嗎啡上癮。[4]

移民不只是一張張吃飯的嘴

這是大規模移民的時代。護照在當時仍不大需要。正如移民湧向澳洲金礦的情況，數以百萬計的人們利用航運技術的改進，從俄羅斯移民到加拿大、從德國移民到紐西蘭，或從荷蘭移民到印尼。新船採用鋼鐵船體，以燃煤引擎為動力。在一八五〇年代，移民者從利物浦到紐約要花上五十三天。到了一九一〇年代，旅程已經縮短到只要八天。[5] 經濟學家研究移民問題時，多半著眼在那些遷移到讓自己感覺更安全、更幸福、更有生產力的地方的人們。移民不只是一張張吃飯的嘴，他們也有手腳可以幫忙做，有頭腦可以幫忙想。只把移民當成新增的需求是個錯誤，他們也是新的供給來源。

第一次世界大戰打破了這個相互連結的世界。儘管交戰國之間商業連結緊密（在

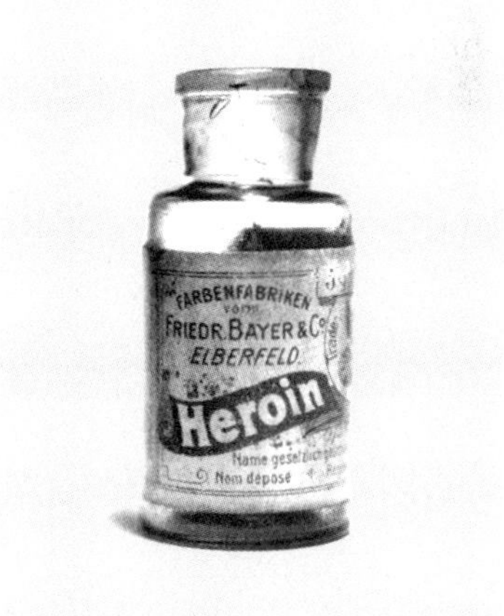

拜耳的止咳藥雖然有效，但也被證明極易上癮。

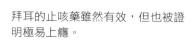

一九一四年，英國的勞合社〔Lloyds of London〕承保了絕大部分的德國航運保險），[6]戰爭終究還是爆發了。當歐洲各國如夢遊般迷迷糊糊地捲入戰爭，全世界許多地區的貿易和移民也因此中止。戰爭的起因雖然出乎預料，但最後的結果並不難推想。在衝突爆發之初，協約國（英國、法國、俄羅斯和他們的盟國）擁有的資源遠超過同盟國（德意志帝國、奧匈帝國及他們的盟國）。協約國擁有同盟國五倍的人口、十一倍的領土，以及三倍的收入。[7]

這場衝突用掉四年的時間，犧牲兩千萬人的生命，反映的是將領的無能和政治領導者的頑固不化。不過衝突結束時，仍是經濟基礎較大的一方獲勝。

在俄羅斯，動亂才正要開始。一九一七年的共產黨革命承諾的是「和平、土地和麵包」，它帶來的卻是六年的內戰和災難性的經濟後果。人民的平均收入馬上少了一半。[8]在一些俄羅斯城市，居民的平均熱量攝取量同樣也減半。內戰衝突、隨之而來的饑荒，加上傳染病的蔓延，導致一千三百萬人過早死亡。列寧的政權廢除了私人土地所有權，也禁止土地的買賣或租賃。這個禁令將一直持續到一九九〇年。

公地悲劇

假如有一群農夫，他們都可使用一塊共有的草地來牧養牛隻。為了共同利益著想，他們應當避免過度放牧。但是以每個農夫的個別利益來說，多放些牲口到公有草地卻比較有利。如果農夫們之間不能協調合作，最後的結果很可能是草地被消耗殆盡。

公地悲劇（tragedy of the commons）的出現，是因為每一頭新的牛都會為生態系帶來輕微的負外部性（negative externality）。如果牛主人不為這個外部性付任何代價，便可能出現災難性的結果。以加拿大海域的新芬蘭鱈魚漁場為例，使用聲納這類捕魚新科技導致了魚群存量的崩潰，鱈魚的數量在一九八五年到一九九五年之間，降到了歷史水平的百分之一。[9]

在其他地方，有些社區找到了聰明的解決辦法。歐斯壯在二〇〇九年因為對地方社區如何管理公共資源的研究，成為第一位獲得諾貝爾經濟學獎的女性。在尼泊爾，種稻的農民共同管理用水。在肯亞，各社區合作管理森林資源。在印尼，當地漁民謹慎管理魚類資源。

歐斯壯的研究提供的教訓是，並不是由使用者管理公共財必然有效，而是說它是可能的。在成功的例子裡她觀察到，當地人會積極參與制定規則，而不是由外人強加給他們規定。當規定是由當地人來執行、有簡單明瞭的機制解決爭端、對一開始違規的行為做適度的處罰，由使用者來管理的做法就能發揮效用。公地的悲劇並非無可避免。

歐斯壯分析某些傳統群體如何發展出共享公共資源的規則。

第 7 章

從高處跌落谷底的二〇與三〇年代

——第一次世界大戰和大蕭條

第一次世界大戰造成的經濟損害，並未隨一九一八年戰爭結束而停止。在戰後的和約中，德國被要求償付一千三百二十億金馬克的賠款（這筆金額以黃金儲備來表示）。這筆款項相當於德國戰前國家財富的一半。[1]這是一筆巨大的數目，遠超過德國經濟所能夠負擔，德國政府甚至連支付最初期的賠款都有困難。[2]

為了還債，德國政府開始印鈔票。數不完的鈔票。結果導致通貨膨脹，不斷侵蝕德國馬克的幣值。民眾有時需要用小推車來領取工資。政府印製新的鈔票——從一開始一千馬克，接著是一百萬馬克，接著是十億馬克，然後一兆馬克。在一九一八年售價一馬克的物品，在一九二三年售價變成一兆馬克。

在飽受通貨膨脹所苦的德國威瑪共和時代，孩童拿幾乎一文不值的紙鈔在玩耍。

惡性通貨膨脹（hyperinflation）製造了經濟的動亂。購物的人，不管什麼東西都用分期付款拚命買，因為沒花掉的現金價值不停在流失。餐廳必須不斷修改菜單的標價。計程車持續調整他們的計費錶。在一九二三年十一月的某一天，德國的麵包店從開門營業到一天結束時，麵包價格總共漲了七倍。[3]到最後，德國的政策制定者恢復了貨幣價值和黃金的關連，讓惡性通膨得到了控制，也讓德國在一九二〇年代後期享有一段相對繁榮的時期。不過對惡性通膨的慘痛記憶，讓政策制定者面對即將來臨的大蕭條時顯得過度謹慎。在這一波經濟動盪中，希特勒在一九三三年成了德國總理。

影響全球的經濟大蕭條

「咆哮的二〇年代」（the roaring twenties）見證了爵士樂、舞蹈、裝飾藝術（Art Deco）的演進。在大多數發達國家裡，消費支出和經濟成長蓬勃發展。在一九二九年十月十五日的一場晚宴上，知名的耶魯大學經濟學家爾文·費雪（Erving Fisher）告訴他的聽眾們說：「股價已經到達看似永恆的高原。」但是費雪錯了。一個星期之後，股市經歷了史上最大的單日拋售：這是日後被稱為「大蕭條」（the Great Depression）的一系列重挫當中的第一個。

到一九三二年，美國股市已經從它一九二九年的最高點重跌了百分之八十九。

這次股市的崩盤有一部分要歸咎於投機心態。當股價上揚時，更多人投入了市場，期待一夕致富。未來美國總統約翰．甘迺迪（John F. Kennedy）的父親、商人約瑟夫．甘迺迪（Joseph Kennedy）據說曾經和朋友說，當他發現自己熟悉的圈子外的人們也在談論股市時，就知道事情有些不對勁了。他說：「如果連擦鞋童也在談股市明牌，就是該退場的時候了。」不過，幾乎沒有人預見股市即將崩盤。很多人借錢來投資，結果股價大跌令他們淪為一無所有。在世界各地，金融市場也隨著美國股市一起下跌。

雖然五分之四的人並未持有股票（買股票的擦鞋童畢竟不尋常），市場的崩潰仍很快就對經濟的其他部分帶來衝擊。企業停止投資，

全世界都感受到大蕭條的影響。

受到驚嚇的民眾不再支出。如此一來，消費越少，意味著經濟活動也較少。數百萬人失去了工作。在美國，失業率衝上了百分之二十五，代表四個想找工作的勞工中就有一人無法如願。搭帳棚露宿的遊民持續增加，寄居在倫敦海德公園、紐約中央公園、雪梨的禁苑（Sydney Domain）。大蕭條對拉丁美洲的打擊尤其嚴重，並促成了威權的民族主義興起。在一九三〇年，軍政府分別奪取了阿根廷和巴西的政權。

凱因斯與海耶克的世紀之爭

在研究大蕭條的問題時，英國經濟學家凱因斯認為問題會發生，是因為人們的行為以無法預期的方式相互影響。凱因斯把問題比喻成一種情況：一個蜜蜂群體的成員決定要節儉度日。節儉或許是美德，但是，由於一隻蜜蜂的消費是另一隻蜜蜂的生產，節儉會讓群體崩潰，所有在樹洞裡的蜜蜂都因此而過得悲慘。凱因斯認為解決的方法是政府出手花錢——最好是用在公共工程項目——來重新啟動經濟。

這並不是所有經濟學家的普遍觀點。把另一種觀點闡述得最明白的，或許是奧地利經濟學家弗雷德里希・海耶克（Friedrich von Hayek）。海耶克把經濟的衰退視為必要之惡。

他認為在危機之前那段時間的政府政策讓利率變得過低，導致企業做出不明智的借貸。當危機來臨時，崩潰破產的是那些不謹慎行事的公司。衰退並不是可以避免的疾病，比較像是喝酒狂歡後必然隨之而來的頭痛宿醉。[4]

不難看出這兩套分析背後傳遞的道德訊息。對海耶克來說，經濟衰退代表對不良投資的清理工作；凱因斯則把衰退視為痛苦且非必要。海耶克相信政府的干預只會讓事情更糟；凱因斯認為政府對緩和經濟週期扮演著重要角色。海耶克擔心民主的政府有可能侵蝕自由，相信過渡的獨裁政權有時是必要的。

這兩個經濟學家的差異也延伸到他們的個人生活。奧地利出生的海耶克較為樸素，他由情感較疏離的雙親撫養長大，成長期間他的國家正經歷戰場失利和經濟上的挫敗。他的個性壓抑，情感方面也相當內斂；一本傳記中提到，他一生中只有三個親近的男性友人。[5]

相較之下，凱因斯對自己信心滿滿。他在空閒時間修習經濟學，當考試的表現不佳時，他開玩笑地說：「顯然我懂的經濟學比我的考官還要多。」[6]凱因斯收藏了畢卡索、雷諾瓦和馬蒂斯的作品，他也是個投資者，以今日標準來看是個千萬富翁。他寫日記記錄自己的性愛經歷（包含跟男性和女性）：在一九〇九年有六十五次、一九一〇年有二十六次、一九一一年三十九次等等。[7] 事實上，凱因斯廣泛的興趣或許造就了他開放的態度和自由派的世界觀。凱因斯善於結交朋友，他和妻子莉迪亞（Lydia）都是「布盧姆斯伯里團體」（Bloomsbury Group）的成員，這是一個英國畫家和作家組成的小團體。這個團體的另一名成員作家吳爾芙形容凱因斯是「一頭肥胖的海豹」，有「雙下巴、突出的紅嘴唇」以及「小眼睛」。他開朗、樂觀而且自信，這些特質讓他成了二十世紀初期最有影響力的經濟學家。

影音製作人約翰．帕波拉（John Papola）和經濟學家拉斯．羅伯茲（Russ Roberts）帶著嘲弄意味的饒舌對決歌曲，總結了凱因斯和海耶克之間的分歧點。它的副歌是這麼寫的：

我們已經爭論了一世紀
〔凱因斯〕我想要導引市場，
〔海耶克〕我想要讓它自由
經濟有興衰枯榮週期循環，我們應當戒慎恐懼
〔海耶克〕該去怪低利率。
〔凱因斯〕不……這是動物本能

凱因斯學派認為衰退就像天然災害：它可能衝擊到任何一個人。現代的政策制定者大致都是凱因斯學派（雖然對於政府對衝擊的回應應該多大，我們抱持不同意見）。一位海耶克的批評者認為他對經濟衰退採取的方式「並不適當，就如同對酒醉跌入冰冷池塘的人拒絕提供毛毯和提振精神的用品，只因為他原本的問題是身上過熱」。[8] 海耶克對今日主流經濟學的影響，並不是因為他對於管理企業週期的觀點，而是他對於市場中「看不見的手」的描述，他點出了在個人追求自身利益的自由市場中，如何產生自發性的秩序。

大蕭條為何持續這麼久？

發生在一九三〇年代的大蕭條之所以被稱為「大」蕭條，部分原因是它持續了非常久。一些國家並未聽從凱因斯的意見，而是採取了緊縮措施——在經濟衰退的情況下刪減政府的預算。根據一項研究，在一九三九年，也就是股市崩盤十年之後，包括比利時、加拿大、丹麥、荷蘭、挪威及英國的失業率都超過百分之十。[9] 許多家庭在一九三九年的收入，經通膨調整之後比十年前還要低。

大蕭條時間延長的一個因素是開放政策的倒退。美國共和黨的里德・斯姆特（Reed

Smoot）和威利斯・霍利（Willis Hawley）共同提出一項法案，增加兩萬多項農業和工業進口產品的關稅。為了表明對自由貿易的承諾，一千零二十八位經濟學家連署了一封公開信，籲請胡佛總統否決「斯姆特—霍利關稅法案」。胡佛卻簽署該法案成為正式法律，顯示政治人物在貿易議題上往往會忽略經濟學家的意見。

提高關稅導致許多原料價格上漲而對美國一些企業造成傷害。數百項汽車零件成了課稅標的，令汽車工業受創。羊毛碎布的關稅提高超過一倍，對利用羊毛碎布製作平價服飾的紡織業造成傷害。[10] 其他國家也祭出新的關稅做為回應。[11] 法國提高汽車關稅，基本上等於關閉了它的中價位美國汽車市場。西班牙提高了許多美國進口商品的關稅，包括縫紉機、刮鬍刀和輪胎。加拿大提高關稅並課徵「反傾銷」稅。

一次大戰結束之後那幾年，移民限制變得更加嚴格。[12] 加拿大禁止了過去交戰國家的移民。美國國會通過了移民限制規定，實質上禁止了來自亞洲的移民，並且縮減了其他國家的配額。在一九三〇年代，政策更進一步緊縮。澳洲制定金額相當於澳洲人平均年薪四分之一的移民費。泰國祭出識字測驗和費用昂貴的居留許可。紐西蘭關閉了它的移民部。在一九三〇年代，來自歐洲的移民數量還低於十九世紀中期。

大蕭條也造成國際資金流動顯著趨緩。在之前的幾十年間，投資的資金是從高收入國家流向低收入國家，以追求更高的回報，移民的流動往往也隨之而來。不管是外來投資的供給或是海外投資的需求都在下滑。從越南到巴西，在二十世紀前三十年的外資浪潮都在一九三〇年代開始消退。[13]

不過大蕭條也為進步改革創造了政治上的條件。其中一個主要的推動者是倡議勞工權利的弗朗西絲・珀金斯（Frances Perkins）。在她的職涯早期，她目睹了紐約市三角內衣工廠（Triangle Shirtwaist Factory）的大火，火災發生在一棟城市建築物內，事發前大樓出口被上了鎖以防止工人擅自溜班休息，這起意外造成一百四十六名工人罹難，其中多數是年輕的女性移民。這次的事件促使珀金斯接下紐約市政府勞工安全事務的工作，她在任內致力推動更安全的工作環境，並設定婦女和兒童的最高工作時數限制。

美國羅斯福總統在1935年簽署「社會安全法案」，珀金斯出席了簽署儀式。

一九三三年，新當選的美國總統富蘭克林・羅斯福（Franklin D. Roosevelt）任命珀金斯擔任勞動部長，她成為美國第一位女性的閣員。珀金斯協助設計美國的「社會安全法案」（Social Security Act），這是羅斯福「新政」（New Deal）的關鍵部分。此法案自一九三五年開始實施，它提供老年人直接補助款項，在往後幾十年大幅減低了老年人口的貧困。雖然它的資金來源是薪資稅，不過它讓人們可領取到比原先繳付款項更高的回報。第一位按月領取福利的受益者是佛蒙特州的教師艾妲・富勒（Ida Fuller），她持續繳納了二十五美元的社會安全稅，並在一九四〇年退休後開始領取補助。富勒活到了一百歲，總共領取了兩萬兩千八百八十九美元。把通膨因素列入計算，她得到的福利是她所支付稅款的兩百倍。

經濟學家在此時期的重要貢獻

一九三〇年代也看到了經濟學家對市場失靈看法的重要進展。其中最關鍵的人物是瓊安・羅賓森（Joan Robinson）。羅賓森成長在一個強調非正統思考、不墨守成規的家庭，並於一九三一年起在劍橋大學任教。當時凱因斯主導了那個時代的總體經濟學，羅賓森專注的則是個體經濟學，並對馬歇爾的分析進行測試。

一九三三年，羅賓森出版了《不完全競爭經濟學》（*The Economics of Imperfect Competition*），翻轉了經濟學對市場一般運作的思維。在馬歇爾的模型中，傾向於設定市場是由眾多買家和賣家所組成。這對於股市之類的產業或許是很好的描述，但是對英國東印度公司呢？羅賓森的研究裡，並沒有把激烈的競爭視為常態，而是將它當成特例。其他人想像的是一個有許多交易者的動態市場，羅賓森的分析裡則認知到壟斷和寡頭獨占是常見情況。

羅賓森也提出了獨買（monopsony）的概念：即一個賣方對其供應商擁有定價權力的情況。在一個只有一家公司的城鎮，這家公司的雇主對勞工有獨買的權力，可以付出比他們真正價值更少的薪資。如果一個連鎖超級市場控制了大部分的雜貨業，它就可以對農民運用獨買的力量，支付他們比在競爭市場中更低的酬勞。

羅賓森有持續不懈的好奇心，不斷對各種想法提出質疑——包括質疑自己過去的想法。在《不完全競爭經濟學》出版三十六年之後，她對自己的書提出了八頁措辭嚴厲的批判，並將它做為第二版的前言。不過，儘管在學術上做出了卓越貢獻，羅賓森直到一九六五年才獲任為正教授。或許不是巧合，那一年也是她的丈夫從劍橋大學退休的同一年。在一九七五年，坊間盛傳她將獲得諾貝爾獎，《商業周刊》（*Business Week*）在獎項宣布之前還刊載了有關她研究的長篇介紹。但諾貝爾獎最後落在他人手上。

我們如今把經濟學家能計算經濟產出當成理所當然，不過現代的國民經濟帳戶（national accounts）一直到一九二〇年代和一九三〇年代才出現。其目的是要取得生產和開支隨著時間消長變化的準確數據，從而確定一個國家總收入的變化情況。在英國，亞瑟·鮑里（Arthur Bowley）和約西亞·史坦普（Josiah Stamp）嘗試對單一年份做全面的分析。A·E·菲弗里爾（A. E. Feavearyear）隨後做的研究檢視英國的國家收入如何被使用——從兔子到宗教捐款各方面，都分別進行了研究。另一位統計的先驅人物是柯林·克拉克（Colin Clark），他在劍橋大學的工作卓然有成，但政治生涯卻屢戰屢敗（他代表英國工黨參與三次選舉），在搬到澳洲之前，出版了對於國家收入的創新估算方式。在美國，西蒙·顧志耐（Simon Kuznets）和國家經濟研究局（成立於一九二〇年）在系統化收集價格、收入、儲蓄、利潤等國家統計數據上扮演了主導角色。對學術界而言，數據的收集促進了研究。對政策制定者而言，衡量經濟產出有助及時的干預以避免經濟衰退。

官方統計數據在獨裁政權的處理方式，提醒我們不該把統計學家的角色視為理所當然。一九三七年，史達林（Joseph Stalin）宣布蘇聯將進行人口普查——這是超過十年來的第一次。史達林過去自誇在他的政策下，人口快速成長——每年增加的人口超過芬蘭的全國總人口。這是謊言。他的政策造成了饑荒和大遷徙，而人口普查的結果顯示，蘇聯人口比史達林宣稱的數字至少少了一千萬人。一九三七年的人口普查也顯示大部分人有宗教信仰，這個結果與領導高層的反宗教觀點相違背。史達林下令不得發表這些結果，人口普查局局長奧林皮・克維特金（Olimpiy Kvitkin）遭到處決。

莎蒂・亞歷山大（Sadie Alexander）

莎蒂・亞歷山大是美國第一位取得經濟學博士學位的非洲裔女性，她的父母親都曾是奴隸。亞歷山大在賓州大學撰寫的博士論文聚焦在北上移民費城的黑人家庭。她訪問了一百個家庭，分析他們的生活水平和消費模式。亞歷山大發現，雖然很多人住在擁擠的房子裡，但是有三分之二的家

庭不需依靠任何外援——尤其是如果他們能大批購買貨品，避免因為身為黑人而需付出較高價格的話。

在一九二一年畢業後，亞歷山大無法找到經濟學方面與她能力相符的工作。於是她回到賓州大學研讀法律，之後加入了她丈夫的律師事務所——共同處理解除費城戲院和飯店種族隔離政策的民權訴訟案。然而，她的公開演説依舊飽含經濟學的洞見。[14] 一次演説中，她指出協助貧困白人的政策如何不經意傷害了非裔的美國人。當美國的羅斯福總統在一九三三年的「國家工業復興法」(National Industrial Recovery Act）提高某些產業的薪資時，這些產業的雇主解雇了黑人勞工，以白人取而代之。亞歷山大把這個法案諷稱為「黑人削減法案」。

亞歷山大主張，為了達到種族平等，充分就業至為重要。因為黑人勞工總是「最後一個被雇用，第一個被解雇」，因此經濟衰退時他們的受害最重。充分就業也可改善對種族的態度。亞歷山大認為充分就業可藉由改善白人勞工的「經濟競爭恐懼」，來強化民主制度。她主張，在強大的勞工市場裡，政治的煽動者難以找到立足之地。她的想法走在時代之先：近來的研究顯示，經濟危機會提高右翼民粹主義者在選舉中獲勝的機會。15

第 8 章

兩次世界大戰教我們的事

——第二次世界大戰和布列敦森林

當法西斯主義崛起時，同盟國錯誤地嘗試安撫希特勒。一九三八年的慕尼黑協議允許德國併吞蘇台德地區（Sudetenland）。一九三九年的納粹蘇聯互不侵犯條約促成德國入侵東歐。經濟因素也很重要。日本的帝國野心，部分源自於國內能源儲備的欠缺。惡性通膨和一次大戰賠款的負擔令許多德國人心存不滿。德國入侵俄羅斯代表了它嘗試在黑海和裏海之間地區控制更多的原油資源。[1]

經濟學也告訴我們，從一些基本數據可預測出二次大戰的最後結果。正如同美國南北戰爭和一次世界大戰一樣，一開始雙方的資源對比都是強烈有利於最後的勝利者。相較於軸心國陣營（德國、義大利、日本和其盟國），同盟國（英國、法國和其盟國）有兩倍多的人口，七倍多的領土，以及總和高出百分之四十的收入。[2]

德國初期的勝利很大部分要歸功於隆美爾（Erwin Rommel）等將領的才幹，以及閃電戰（blitzkrieg）和機動戰（bewegungskrieg）這類的戰術。如一位經濟史學家的說法：「對抗納粹的所有人——波蘭人、荷蘭人、比利時人、法國人、南斯拉夫人、希臘人、英國人、美國人，以及俄國人——不管在戰術上或是執行上，多多少少都輸給了納粹，至少在一開始交手時是如此，在隨後許多次交戰中仍是如此。」[3]

投入經濟資源的多寡決定戰爭的勝敗

不過在二次大戰中並沒有決定性的戰役。[4]珍珠港不是，中途島不是，史達林格勒不是，庫爾斯克也不是。這場戰爭主要是工業生產的競爭，而同盟國陣營有更多資源可運用。即使戰爭進行到一半時仍是如此，因為希特勒雖然併吞了大部分的歐洲，但是美國和蘇聯已加入戰爭，投入同盟國的陣營。在一九四二年，同盟國陣營在人口、土地和收入上仍占有決定性的優勢。航空母艦說明了這樣的差異：儘管日本很早就理解到它的戰略價值，但戰爭期間十分之九的航空母艦都是同盟國這一方所製造的。

交戰國把經濟資源投入戰爭的程度各自不同。[5]義大利在二次大戰投入的經濟總量從不曾超過四分之一，而日本在戰爭最高峰，則把超過四分之三的經濟投入到軍事用途。英國和俄羅斯同樣把超過一半的經濟產出用在戰爭，而美國也有五分之二的經濟用在戰爭。加總起來，這給予了同盟國陣營明顯的優勢。在製造軍火的部分，同盟國至少多生產了兩倍多的步槍、坦克、飛機、迫擊砲和戰艦。軸心國在數量上明顯難以招架。

在戰爭的過程中，二次大戰的經濟損害明顯比一次大戰更加慘烈，主要的原因是殺人的技術在這幾年間有了長足的進步。在空中， 次大戰的雙翼機和齊柏林飛船扮演相對次要的角色，至於二次大戰則看到成群結隊的轟炸機攜帶燃燒彈——乃至最後的原子彈——肆虐各個城市。在海上，航空母艦在二次大戰登場，讓海戰交鋒時敵對船艦幾乎可以互不見面。長程轟炸機、噴射戰機、自導魚雷和巡弋飛彈都在二次大戰中出現。總計二次世界大戰奪走的生命是一次世界大戰的三倍。

除了新的發明之外，二次世界大戰也帶來了計量經濟學（econometrics）的進展——這是應用統計技巧來回答經濟問題的學科。一個實際的問題是如何強化轟炸機，以增加它在敵火攻擊下的存活機率。天真的同僚們檢視返航的飛機底部，看見飛機尾部等處受損的情況特別明顯，因此建議要強化那些部位。不過數學家亞伯拉罕．沃德（Abraham Wald）這位來自匈牙利的猶太難民理解到，他們並沒有看到問題的全貌。他們所看到的受損部位，是轟炸機仍可承受並返航的部位。返航的飛機中，沒有機頭部位受損的飛機，正意味著它是需要特別強

數據裡缺了什麼？少了每一架被擊落的飛機。

化的部位。至今，計量經濟學仍在應用沃德的技術。

經濟學家對戰後和平所做的努力

二次大戰之後的和平持續得更長久，部分的原因是各國從前一場衝突得到了教訓。透過馬歇爾計畫（Marshall Plan），美國提供一百三十億美元給西歐，相當於這地區年度經濟產出的百分之三。[6]在德國和日本，占領國投入大量心力於重建，結果在一個世代之內這兩個國家都成了工業大國。

經濟學家在建構維繫和平的國際經濟組織上，扮演了核心的角色。一九四四年，在美國新罕布夏州布列敦森林的一場會議，召集了同盟國陣營全數四十四個國家的代表。這是個耐人尋味的奇特組合。凱因斯是英國的代表，他希望協助避免在一次大戰後犯下的經濟錯誤。美國代表是哈里．迪克特．懷特（Harry Dexter White），有謠傳說他是俄國間諜。代表法國的是皮耶．孟德斯．法蘭西（Pierre Mendès France），他的名字應該可以幫負責寫名牌的人省去不少事。

從這個奇特的聚會中，誕生了一個終結經濟孤立主義的協議，並且接受了貿易和資金的流動將創造更富裕穩定的世界。布列敦森林促生了世界銀行（World Bank），它旨在提升最貧窮國家的生活水準；以及國際貨幣基金（International Monetary Fund），其目標是協助各國避免金融危機。布列敦森林協議回復了一部分的金本位制，將一美元的價值固定為三十五分之一盎司的黃金，其他國家的貨幣則與美元掛鉤。不過，紙幣兌換黃金只限於正式的國際交易，而且實際上很少進行。

在戰後的年代，總體經濟學家繼續在凱因斯的基礎上進行研究。一個重要的人物是比爾．菲利普斯（Bill Phillips）。他出生在紐西蘭的酪農牧場，曾當過電影院經理、金礦工人和鱷魚獵人，之後接受工程師的訓練並入伍參加二次大戰，期間他有三年時間是待在日軍的集中營。遭監禁的期間，他和其他俘虜學習中文，並協助製作了一部秘密收音機。戰爭後，他進入倫敦經濟學院攻讀社會學，不過很快就轉主修經濟學。一九四九年，菲利普斯在房東太太的車庫裡，利用抽水幫浦建造了一台液壓式的經濟模型機。[7] 一開始是設計做為教學輔具，這部機器後來被印證可有效模擬政策改變可能產生的效應——它展現政府支出和稅收的變化如何影響收入的「循環流動」。這機器總共建造了十幾台，其中一台在劍橋大學，至今仍可運作。

麻省理工學院的保羅．薩繆爾森（Paul Samuelson）進一步發展了凱因斯的模型。薩繆爾森的「實用凱因斯主義」主張，僵化的價格和工資導致完全就業無法單靠市場機制達成；這為政府在危急時刻做出干預提供經濟學上的正當性。雖然經濟學家多半是透過文章而非書籍來交流，教科書依然很重要，而薩繆爾森在一九四八年出版的教科書更是其中最重要的。＊薩繆爾森認為凱因斯的《就業、利息和貨幣的一般理論》（*The General Theory of Employment, Interest, and Money*）是一部「天才之作」，然而內容有些矛盾，而且文筆很糟。薩繆爾森相信數學是經濟學的自然語言，並著手用數學的形式呈現凱因斯的思想——透過這個過程將經濟學從故

菲利普斯和他的國民貨幣收入類比計算機（MONIAC）。

＊編按：此處指的是薩繆爾森所著的《經濟學》（*Economics*）一書，該書以四十多種語言在全球銷售超過四百萬冊，可謂影響最深遠的經濟學教科書。

事敘述（storytelling）轉化成方程式（equations）。薩繆爾森自豪地說：「我並不在意國家的法律是誰寫的，只要它的經濟學教科書是我寫的就行了。」

薩繆爾森的教科書裡強調的一個概念是「比較優勢」，這個原則在一百多年前由李嘉圖提出。比較優勢說明，當兩個國家互相進行貿易，彼此都可獲利。差異是貿易發揮作用的關鍵。國家之間進行貿易是因為某些作物在世界上的某些地區生長得較好、某些國家發展出生產某種產品的訣竅，或是低工資水準讓勞力密集的產品可以便宜製造。巴西的咖啡、瑞士的鐘錶和孟加拉的紡織，各自代表了出口產品所蘊含的差異性。薩繆爾森後來將比較優勢描述為社會科學裡一個真實、卻非顯而易見的命題的最佳例子。

各國政府在經濟政策上的轉變

一九三〇年代，隨著「斯姆特—霍利關稅法案」掀起的保護主義興起和貿易量的下滑，許多政策制定者把這個洞見拋諸腦後。不過，在二次大戰之後，貿易又開始成長。一九四七年，代表了全球超過五分之四貿易額的諸多國家，簽署了關稅暨貿易總協議（General Agreement on Tariffs and Trade，簡稱GATT）。各國同意減少四萬五千項關稅，影響全球一百億美元的貿易。

二次世界大戰對福利國家的擴展是個強大的助力。各國政府提高稅收、實施食物和衣物配給，並提供家庭補助金。大蕭條和戰場上死難的慘痛記憶使許多人相信，在和平到來之後，應該努力打造更公平的社會。在英國，珍娜·貝弗里奇（Janet Beveridge）和威廉·貝弗里奇（William Beveridge）這對經濟學家夫婦在一九四二年提出一份關鍵報告，點出了五項罪惡——骯髒、愚昧、貧困、懶惰與疾病——並提出了全民保險計畫，為失業、生病或年長者提供保障。這套「貝弗里奇報告」的背後思維不同於俾斯麥的改革：俾斯麥著重的是個人的貢獻，貝弗里奇則涵括了一個整體的政府計畫。英國對於這種社會救助計畫的需求是如此強烈，選民們甚至在一九四五年將邱吉爾政府趕下台，選出了承諾為公民提供「從搖籃到墳墓」的社會安全網的工黨政府。

福利制度擴展的同時，政府也強化了它在經濟上所扮演的角色。在先進國家中，政府在經濟上所占的比例從一九三七年的平均百分之二十四，增加到一九六〇年的百分之二十八。[8]在二次世界大戰結束後，英國將它的鐵路、煤礦、電力供應產業、大部分的鋼鐵業，以及英格蘭銀行都收歸國有。法國把和納粹占領軍合作的雷諾汽車公司（Renault）、天然氣和電力公司，以及大部分的金融和保險企業國有化。紐西蘭把紐西蘭銀行收歸國有。

瑞典則完成了它的鐵路國有化程序。

各個發達國家政府的經濟角色加重，反映在他們更高的稅收上。在二次大戰之前，一般勞工在許多國家都不需繳納所得稅；二次大戰後，所得稅擴大涵蓋了大部分的勞工。這要拜引進「現收現付制」(pay-as-you-go taxation)的稅法所賜，它要求雇主扣除所得稅並上繳給政府。勞工隨時可以知道他們已經付了多少稅，但是因為這筆錢從不曾真正拿到手，付出時也比較不會感到心痛。

第 9 章

二戰後的輝煌三十年？

——快速轉變的世界

人生讓人驚嘆的事情之一，是運氣往往大於一切。你父母親在一起的那一刻，創造你的那對精子和卵子結合的機率不到百萬分之一。以全世界來說，出生的國家和父母親的社會地位，決定了大部分人的收入差異。[1] 除非你認為你有辦法選擇父母，那也是運氣。

在就業市場裡，運氣也無所不在。在經濟衰退期間高中畢業的年輕人，會發現找工作不容易——這個「疤痕」效應（"scarring" effect）＊可延續十年甚至更久。有些人找了看似有前途的熱門工作，最後卻發現自己被新科技取代而失業。當小鎮裡的大公司破產，要讓全部的人在同一個地方都找到新工作幾乎是不可能的事。還有殘疾的不幸——不管是先天性異常或職場的傷害——讓人難以賺錢養活自己。此外，也有可能有人活得比儲蓄能支撐的時間還要久——享受更長的人生是種幸運，但是如果活在沒提供年長者保障的社會裡卻是不幸。

在戰後，從幸運者到不幸者的再分配，是透過社會福利系統和稅收制度進行的。所得稅是高度累進的——意思是高收入者要付較高比例的所得稅。披頭四樂團的〈收稅人〉（Taxman）歌詞裡的稅務員說「一份給你」，留下「十九份給我自己」。樂團的說法並非誇飾。在當時，樂團的成員都屬於最高層的課稅級距，必須繳納百分之九十五的超級附加稅（supertax）。超越這個所得門檻後，樂團每賺到二十元，就有十九元要繳稅。幾年之後，滾石樂團為了避稅而離開英國，把因為這事件而誕生的專輯命名為《流亡大街》（*Exile on Main St.*）。

工會的力量日益強大

在勞動市場上，工會成了越來越強大的一股力量，基本上影響了職場生活的各個面向。工會的運作方式可能有巨大的差異。在瑞典，工會聯盟與中央雇主組織協商工資的協議。在澳洲，工會在企業仲裁法庭（industrial tribunal）提出勞資糾紛案件。在美國，工會直接和公司管理階層談判。在仍由殖民政權統治的國家，工會往往是民族獨立運動和為本地人爭取更多控制權的先鋒。在世界各地，病假、年假、週末加班津貼、安全標準、反歧視法、就業保障，以及工資本身，都是由工會一手打造的。不管你是否是工會的成員，假如工會不曾存在，你現今工作的樣貌應該會截然不同。

戰後的幾十年，我們看到工會在許多先進國家成長壯大。到一九七〇年代，在經濟合

＊譯註：「疤痕效應」指的是不良事件或經驗對個人心理或情感的長期影響。多半特別用在青年失業對職涯產生的影響，包括失業時間更長、收入前景更黯淡、長期獲得體面工作的機會更少。

工會為爭取更高工資、更安全工作環境和反歧視法而進行活動。

作暨發展組織（OECD）的這些先進國家裡，每三位員工之中就有一人是工會的成員（如今的數字則是每六人中不到一人）。[2]工會在戰後的力量，部分是經濟結構發揮的作用。我們可以把工會化（unionisation）*想像成員工和雇主之間的一場競賽，員工要將工作場所中的工作者組織起來，雇主則是要打造新的工作場所。這樣的說法有助於解釋在工廠和公共部門的工會化比例往往高於新創的企業。在許多國家，強大的製造業是工會組織的肥沃土壤，進而保障了這些工作的良好工資。在一九五〇年代和六〇年代，製造業為沒受過太多正式教育的勞工們提供了通向中產階級的道路。

不過，在這段時期許多勞工也逐漸取得

正式教育，學生完成學業的比例升高，高等教育也越來越普及。這是戰後幾十年內，許多先進國家不平等程度降低的一個重要因素。一個關於不平等的理論認為，不平等是由教育和技術的相對成長所決定的。[3]如果教育停頓，但技術出現進展，社會往往會變得比較不平等。當教育水準的成長比新技術的出現更快，社會會變得較為平等。根據這個理論，降低不平等的最好方法，就是確保每個人都得到很好的教育。

另一個不平等的宏大理論——它和教育與技術之間競賽的想法並不矛盾——把重點放在經濟成長率（g）和資本投資報酬率（r）之間的差異。土地或公司股權等資本資產往往朝最富裕的人傾斜（如今百分之十最富有的人，擁有百分之七十六的全球財富），因此高資本投資報酬會讓最富有的人不成比例地受惠。[4]法國經濟學家托瑪．皮凱提（Thomas Piketty）在他的著作《二十一世紀資本論》（*Capital in the Twenty-First Century*）中主張，r大於g，不平等的情況會提高。他認為這是人類事務的常態。

相對之下，在二戰後的這幾十年，許多先進國家的資本報酬率遠低於長期的平均水平，而經濟成長率則明顯高於歷史的平均值。於是r小於g，許多高所得國家的不平等降低

---

* 譯註：工會化（Unionization）是指勞工組織成立工會，進行集體談判以維護勞工權益的過程。工會通常由一群勞工自發性組織成立，旨在共同協商薪資、工作條件、福利等事項，以獲得更有利於勞工的待遇。

了。在各個發達國家裡，工作機會眾多，工資成長速度比公司獲利速度更快，在工廠車間的收入成長速度，也快過角落的辦公室。

戰後經濟成長帶來的榮景

這應該是一個廣泛出現的效應，但每個國家都為各自的成功感到自豪。法國人稱呼戰後的三十年是「光輝的三十年」（les Trente Glorieuses）；義大利人稱之為「經濟繁榮」（il boom economico）；西班牙人說「西班牙經濟奇蹟」（el milagro económico español）；德國的說法是「萊茵河上的奇蹟」（das Wun der am Rhein）。我個人的研究顯示，選民多半會再次投票給帶來高度經濟成長的政府，但是他們並不善於分辨這些政府是因為運氣好，剛好在全球經濟強勁時執政，還是真的政績卓著，表現優於全球的平均水平。5

這輝煌的三十年並不只是出產走好運的政治人物。許多歐洲人也在這個時期擁有了人生第一部車，許多美國人在這時期買了他們的第一台電冰箱。電視機和唱盤大量生產。財富均等化的一個主要驅動力是住家擁有率的普及。舉例來說，在一次大戰結束時，英國的住房有百分之二十三是屋主自住。到了一九七〇年代後期，這個數字已上升到近百分之

1950年代早期的一家麥當勞餐廳。

五十八。[6]

戰後的幾十年也看到了女性大規模湧入有薪的勞動市場。非經濟學家多半會把它歸因於社會規範的改變，但是經濟學家還會指出科技和政策的角色。電子爐、吸塵器、自來水、冰箱和洗衣機簡化了家事，改變了許多婦女的生活。避孕藥讓女性對何時要生小孩有了更大的控制權。如克勞蒂亞·戈丁（Claudia Goldin）等經濟學家所指出，這為女性投入時間金錢於教育創造了更強大的誘因。

對創業者而言，連鎖加盟（franchising）創造了一個混合型——介於創辦獨立的小企業和購買大公司股份之間——的新選擇。在一九五三年，理查和莫里斯·麥當勞（Richard and Maurice McDonald）兄弟在亞利桑那州的鳳凰城賣出了他們的第一家連鎖加盟店。接著在隔年，雄心勃勃的商人雷・克洛克（Ray Kroc）運用連鎖加盟模式，逐步將麥當勞發展成全世界最大的連鎖餐廳。

飯店、超市和房地產商，也是連鎖加盟模式重要的使用者。這個模式讓分店可受惠於全國性的宣傳廣告，並讓生產流程標準化，不過小型加盟店也要承受很大的風險，因為他們與龐大的連鎖業者打交道時可能處於談判劣勢。

新科技的採用產生一些意想不到的結果。在一九五五年，美國平均五十個家庭有一台冷氣機。到一九八〇年，擁有冷氣機的家庭已成了多數，冷氣空調設備在全球快速擴展（如今全球有二十億台冷氣機）。科技促使許多先進國家朝赤道方向大規模遷移。美國人搬到了佛羅里達；澳洲人搬到了昆士蘭；新加坡、杜拜、杜哈等赤道和沙漠城市蓬勃發展。空調設備可說是重新配置了世界。[7]

經濟學開始擴展至其他學科

經濟學擴展進入其他學科可追溯到這個時期。有一天，經濟學家蓋瑞・貝克（Gary Becker）發現自己開會要遲到了。[8] 他知道如果他照規矩停車就會遲到，只有違規停車他才有可能準時趕上會議。貝克估算自己被抓到違規的機率，再乘以罰款，他判斷自己預期要付出的代價，較少於準時開會所得到的好處。這次的經驗促使他寫出了一篇開創性的論文：「罪與罰：一種經濟學方法」(Crime and punishment: An economic approach)。[9]貝克認為，與其把罪犯當成傻瓜，何不思考如果他們和其他人一樣是為了讓自己的福祉最大化，他們會怎麼做？這份研究指出的一個重點是，嚇阻的威力同時取決於懲罰和被發現的機率。如果可能的犯罪者，對於監獄的漫長刑期並不在意，那麼加倍巡邏的警力，要比加倍坐牢的刑期，對降低街頭犯罪更具有成本效應。

貝克的研究也把經濟學的工具帶入了歧視的研究中。[10]他的推論認為，種族主義的雇主最終將會付出更多的工資支出。由於拒絕雇用少數族裔的求職者，種族主義的雇主等於窄化了他們願意雇用的人才庫。為了雇用同樣水平的雇員，他們最後會比非種族主義的雇主付出得更多。

在一個具競爭性的市場裡，顧客並沒有和雇主一樣的偏見，身為種族主義者將導致獲利的降低。貝克的研究點出，更大的競爭會對種族主義的雇主造成經濟壓力——為他們提供選出擔任職務的最佳人選的經濟誘因。同樣的道理也適用於其他形式的歧視，包括對女性、年長的工作者、宗教的少數群體、殘障人士及LGBTIQA+族群。* 競爭本身並不能消除歧視，但是它可以扮演正面的角色。

在這個時期，應用經濟學（applied economics）也持續進展。一個重要的領域是把相關性（correlation）和因果關係（causation）二者區分開來。穿大尺碼鞋子的人往往比較高，但是穿比較大的鞋子並不會讓你變高。吃冰淇淋的人比較可能被晒傷，但是大熱天不吃冰品並不會讓你避免得皮膚癌。在經濟學的領域裡，要判定外援對經濟成長的影響並不容易（因為援助的對象多半是陷入困境的國家），要解析出口的商品對公司績效的影響也會有點棘手（因為管理比較好的公司，通常也更具有全球視野）。

海運貨櫃

在一九五〇年代初期，碼頭上會布滿紙箱、圓桶和板條箱。裝貨可能需要拉動鋼絲圈、散裝木材、成袋棉花，以及桶裝橄欖。貨品不時出現損壞，工人經常受傷甚至喪命，把所有東西送上船可能要花好幾天的功夫。裝卸船貨的費用有時候占了整個運輸成本的一半。國際貿易對許多貨品來說，根本是不可能的事。

現代海運貨櫃的發明人是美國的貨運創業家馬爾肯・麥克連（Malcolm McLean）。在一九五六年四月二十六日，麥克連把五十八個貨櫃送上了「SS理想X」號，將它們從紐澤西載到了德州。他的貨櫃每個角都裝置了扭鎖，讓貨櫃可以用起重機輕鬆搬運。隨後這幾十年間，麥克連和運輸業的其他人討論貨櫃的規格，最後設定了一致的標準。如今全世界大多數的貨櫃規格是長十二・二公尺、寬二・四公尺、高二・六公尺。每個典型的貨櫃可以運載三十公噸重物品。現代的貨櫃船有數百公尺長，可以載運數以千計的貨櫃。裝載和卸貨只需幾

最大型的貨輪可以載運超過一萬個貨櫃。

＊譯註：LGBTQIA+代表著性傾向與性別認同的多元性。這縮寫包括以下含義：L：Lesbian（女同志）；G：Gay（男同志）；B：Bisexual（雙性戀）；T：Transgender（跨性別者）；Q：Queer（酷兒，指性少數群體）；I：Intersex（雙性人）；A：Asexual（無性戀者）；+：表示還包括其他非二元性別和性傾向的群體。

個小時，由電腦系統控制以確保船舶在整個過程中保持穩定。

標準化的貨櫃大幅降低貨運的成本，到幾乎可忽略不計。一個標準化的鋼鐵箱就拉近了世界的距離。

在實驗室科學中，研究者可以控制每根試管裡的東西，但是在真實世界處理人的問題，情況就變得比較麻煩。不過醫學已經開始轉向隨機試驗（randomised trials）。在二次大戰結束後不久，研究人員藉著與隨機選擇接受安慰劑的病患進行比較，對肺結核療法和小兒麻痺症疫苗進行測試。社會科學的專家們也看出如何運用類似的技巧。在一九六二年，隨著兩個測試幼兒干預的社會實驗的進行，隨機政策試驗向前邁出了重大的一步。美國田納西州的早期訓練計畫（Early Training Project）和密西根州的培瑞學前計畫（Perry Preschool Project），就是要評量高品質的幼兒課程是否能對極度弱勢的學齡前兒童帶來影響。

當這些受試者成年之後，影響就非常清楚了，與對照組相比較，接受早期干預的人有較高的收入、較低的犯罪被捕比例。這些計畫不只改變了經濟學家對幼兒教育的思考，同時也提高了人們以隨機化做為工具來區分相關性和因果關係的興趣。

經濟整合、空中旅行和信用卡使用持續增加

在戰後幾十年的期間，經濟整合持續增加。在關稅暨貿易總協議創立之後，各國在一九四九年、一九五一年、一九五六年、一九六二年、一九六七年、一九七九年和一九九四年又簽署了重大的關稅協議。歐洲經濟共同體（European Economic Community，簡稱EEC）在一九五七年成立，移除了它六個創始會員國的所有關稅，在之後幾十年來持續吸引更多會員加入。如今，歐洲聯盟（the European Union，簡稱EU）是全世界最重要的貿易集團，由二十七個會員國組成，涵蓋四億人口。[11] 它

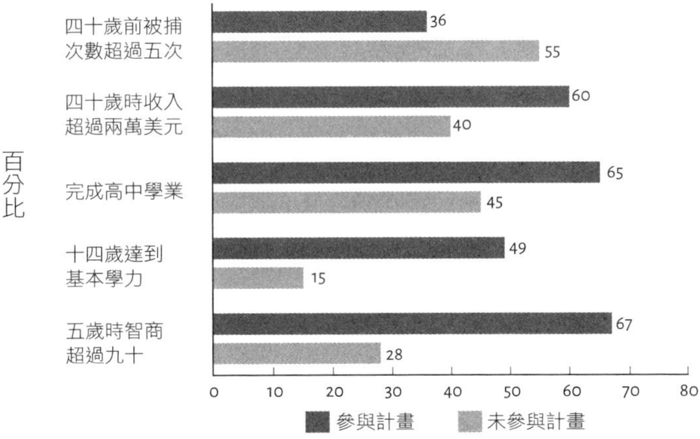

培瑞學前計畫的隨機測試顯示「參與計畫」和「未參與計畫」對照組之間的巨大差異。

讓較小的國家得以享有大型民主國家視為理所當然的利益。以人口僅有六十四萬人的盧森堡為例，他們擁有在歐盟各國旅遊、工作、進行貿易的自由，不需受限於自身小國家所提供的產品和機會。

空中旅行曾是超級富豪的專利，如今價格已持續降低。相對於其他物品，搭飛機的費用在一九六〇年代下滑了四分之一，而飛行速度幾乎加倍。[12] 一九七〇年，我們見識到了第一架廣體客機波音七四七（Boeing 747），可搭載大約四百名乘客。飛行需求的增長也帶來另一個問題：乘客通常是在機場購買機票，而緩慢的信用卡刷卡流程造成一些旅客錯過班機。在一九七〇年，美國航空公司、ＩＢＭ，以及美國運通在芝加哥的歐海爾機場首次測試磁條信用卡。這個科技簡化了空中旅行，以及更廣泛的零售體驗。它同時也鼓勵了個人負債的成長。如今，印度的信用卡債務中位數超過了三百美元，中國超過了一千五百美元，美國則超過了五千美元。[13] 大量研究顯示，當人們用信用卡而非現金付帳，他們會傾向於過度消費——意即做出他們將來會後悔的決定。[14]

我們買完東西會後悔的一個原因是，許多商品一出了店門就會貶值。經濟學家喬治・阿克洛夫（George Akerlof）在一九七〇年為我們解釋了原因。[15] 假設二手車的賣家知道自己賣的舊車是高品質好車（代稱為「桃子」）或是品質差的爛車（代稱為「檸檬」），買家並不知道這個資訊，於是造成了市場中的「檸檬」賣家氾濫。買家知道自己可能買到的是檸檬，所以只願出檸檬的價格來買車。如此一來，「桃子」賣家賣不出去，二手車市場就成了爛車的市場。這個研究最終讓阿克洛夫得到了諾貝爾獎，但是在發表前曾被三家期刊退稿——這件事可以給研究論文被退稿的經濟學家們一點安慰（最頂尖的五個經濟學期刊，如今的退稿率大約是百分之九十五）。16

繁榮並非普遍現象

這個時期的繁榮並非普遍現象。毛澤東領導的中國共產黨於一九四九年奪得政權之後，許多商界的領袖遭到處決。農業集體化降低了農民們努力工作的誘因，因為他們勞動所得的任何額外農產品是由整個群體分享。一九五八年，毛澤東發起了「大躍進」，這個瘋狂的計畫鼓勵人們用自家後院的爐子來冶鍊鋼鐵。數百萬個完好無缺的鍋碗瓢盆被熔成了廢鐵。

在同一年，毛澤東下令民眾消滅麻雀，原因是麻雀會吃掉穀物。這場運動號召人們製造大量噪音，讓麻雀因筋疲力竭而死亡。成千上萬的麻雀死去，這代表著當隔年蝗蟲吞噬掉大部分的農作物時，沒有麻雀可以去對付這些蝗蟲。最後，毛澤東從蘇聯進口了二十五萬隻麻雀來恢復生態系統。在一九五七年到一九六一年之間，農作物的損失導致稻米和小麥的產量減少了百分之四十，一場饑荒則奪走了數千萬人的生命。[17]

更多的混亂還在後面。從一九六六年開始的文化大革命讓毛澤東的紅衛兵掌握權力，對科學家、學者和知識份子發動攻擊。大學和其他學校關閉，數百萬的城市青年下鄉（包括未來的國家主席習近平）——往往因此錯過受任何正規教育的機會。持續的政治鬥爭讓許多政府部門陷入混亂，導致了如一九七五年的板橋大壩潰壩事件，淹沒了至少五百萬的住家，奪走數萬人的生命。毛澤東的政策帶來的結果，可從中國與鄰國的經濟比較中看出來。在毛澤東在位期間，香港的個人實質收入增長速度是中國大陸的兩倍，南韓的成長比中國快了四倍，日本則快了五倍。[18]

在古巴，斐代爾・卡斯楚（Fidel Castro）領導的革命在一九五九年推翻了政府，建立了共產獨裁政權。這個政府接管了重要的經濟部門，拆分了大型土地所有權，並重新分配農地給農民。在古巴革命後的十年期間，人民生活水準停滯不前。卡斯楚和他的革命夥伴們對經濟一無所知。根據一個（可能是杜撰的）故事，在一場深夜的高層會議裡，卡斯楚環顧房間四周，想找一個「好的經濟學家」來擔任古巴國家銀行的總裁。昏昏欲睡的切・

格瓦拉（Che Guevara）舉起手。卡斯楚滿臉驚訝地說：「切，我不知道你是個好的經濟學家。」格瓦拉立刻道歉：「噢，我以為你問的是好的共產黨員！」[19]

在拉丁美洲其他地區，一些國家開始脫離全球參與。在阿根廷，經濟學家勞爾・普里維什（Raúl Prebisch）倡導進口替代工業化政策（import substitution industrialisation），主張低收入國家應設法根據國內需求大的產品來打造製造業。相較於比較優勢的貿易理論主張各國應專業分工，進口替代則認為各國可以由打造多元的製造業基礎而受益。很多進口替代的倡議者也支持提高關稅以遏止進口。事實證明，當自身用來製造產品的工具，例如電焊機、曳引機、辦公設備被課徵關稅時，會帶來特別嚴重的損害。進口替代工業化政策並沒有產生預期的經濟收益，在二十世紀最後一、二十年，這個政策基本上就被放棄了。

「人類能力」是創造繁榮的關鍵

在二次大戰之後的十年之間，全球掀起一股國家宣告獨立的浪潮，包括菲律賓、約旦、敘利亞、利比亞、柬埔寨、寮國和越南。當中最大的國家是印度，它斷然決定要遠離資本主義。笨拙的中央計劃經濟制度、猖獗的貪腐，以及缺乏與世界的貿易往來，造就了所謂的「印度式增長」(the Hindu rate of growth)。自一九四七年至一九六四年擔任印度總理的賈瓦哈拉爾・尼赫魯(Jawaharlal Nehru)受到他訪問蘇聯期間所見所聞的影響，決定政府要對經濟進行嚴格監管。尼赫魯效法蘇聯模式，啟動了一系列的「五年計畫」。印度的「許可證制度」(license raj)意味著一家公司要取得生產許可，可能要經過八十個機關單位蓋章才會過關。[20] 印度政府往往還會接著插手決定要生產什麼東西，以及用什麼價格銷售。這套方法限制了創新，也抑制了生產力的成長。

然而和中國不同的是，印度在一九四七年獨立之後並未經歷饑荒。印度經濟學家阿馬蒂亞・沈恩(Amartya Sen)對此發展了一套理論。他在九歲的時候見證了一九四三年的孟加拉大饑荒——當時他還幫忙發送白米給災民，最終，這場發生在英國統治時期的災難，共奪走三百萬人的性命。沈恩主張，饑荒不單純是糧食生產的問題；饑荒也可能是因為當時的政府把糧食從需要的地方帶走。沈恩認為，有新聞自由的民主政體，發生饑荒的可能性非常低。沈恩的研究強調「人類能力」(human capabilities)——也就是依循自身利益去行動的能力。他認為人類的繁榮，不僅是關乎「擺脫某事的自由」(不受他人干預的自由)，也是關乎「去做某事的自由」(例如受教育的自由，或是主動參與民主政治)。

沈恩對聯合國的「人類發展報告」(Human Development Report)產生了重大的影響，

1943年孟加拉大饑荒期間，飢餓的民眾在食物發送站排隊等候。

它根據比經濟產出更廣泛的一套指標來為各國進行排名。在許多時候，這個指標彼此互有關聯。比較民主的國家傾向有更快速的經濟成長。[21] LGBTIQA+群體享有更多權利的國家有較高的收入和較高的幸福指數。[22] 鼓勵女性全面參與社會的國家通常有較高的生活水準。[23]

市場推動繁榮的潛力，以及人類能力對創造繁榮的重要性，可以從東西德和南北韓不同的發展軌跡中看出來。經歷四十年的共產統治之後，東德的生活水準是西德的三分之一。[24] 在近八十年的共產主義之後，北韓的生活水準是資本主義的南韓的二十三分之一。[25]這兩場實驗也顯示共產主義無法鼓勵人們發揮沈恩所謂的「人類能力」。在他們的共同邊界上，都是共產主義國家——而不是它資本主義的對手——打造了圍牆，並威脅槍殺試圖離開的公民。

一九七〇年代後期標示了一個轉折點，許多國家轉向了市場。對一些人而言，它引發的問題是資本主義是否發展得太過頭。但對另外一些人而言，引入市場經濟則代表了吃得飽和天天餓肚子之間的差別。

飢腸轆轆，渴望改變

歷史上最嚴重的饑荒包括一六九三至九四年在法國、一七四〇至四一年和一八四六至五二年在愛爾蘭、一八六八年在芬蘭、一九二一至二二年在蘇聯，以及一九七五至七九年在柬埔寨。[26]每一次的事件，都造成超過百分之五人口的死亡。貧窮國家在饑荒時受害的情況最嚴重，因為它們在困難時刻沒有太多資源可用。饑荒多緣於連年歉收，通常是由極端氣候事件所引起，不過它也可能因政府的失能而更加惡化。極權的政府往往更可能犯下政策的錯誤，隱瞞實際的災情，並拒絕外界的援助。

當饑荒出現，人們更可能死於疾病而非真正的飢餓。最可能死亡的是最貧窮的人、年幼的兒童和老人。女性在饑荒中死亡的可能性比男性低，這很可能是基於生理上女性身體的脂肪肌肉比例比男性高的事實。

隨著時間推移，饑荒造成的死亡比例已經降低。話雖如此，在二十世紀死於饑荒的人數仍舊多過兩次世界大戰罹難人數的總和。

如今，農作物的嚴重歉收不一定會導致饑荒。糧食及農業組織（The Food and Agriculture Organization）和

布莉姬・歐唐納爾（Bridget O'Donnell）和她的兩個子女，在1846至1852年的愛爾蘭大饑荒中遭受苦難。這場饑荒奪走了愛爾蘭12%的人口。

世界糧食計畫署（World Food Programme）這兩個聯合國為預防饑荒所設置的機構，只要能獲准進入一個國家，大致都能提供糧食援助。饑荒的危害如今來自於政治風險多過於農業風險。有良好的治理，世界就可以消除饑荒，讓它成為歷史。

第 10 章

市場、市場滿天下

——中國脫貧和全球私有化浪潮

一九七八年，在中國一個叫小崗的小村莊，有十八位村民簽下了可能讓他們丟掉性命的秘密協議。和中國其他地區一樣，小崗村在「大躍進」時期受害慘重。在一九五八年到一九六〇年三年期間，全村總人口一百二十人共餓死了超過半數。[1]到了一九七〇年代，人們依舊飢餓不堪。他們知道農業產量可以再提高——只不過他們也知道，集體主義制度的誘因並不利於此。

在那個年代，一切都是集體所共有。嚴金昌是其中一個簽下秘密生死狀的人，按他的說法是：「幹多幹少一個樣，所以沒人要工作。」[2]他們在泥地板的茅草屋裡簽下的秘密協議，明明白白違反了中共當局的指示。協議裡說，每戶人家可以有自己的耕地，並且可以保留部分自己的農產。由於這份協議充滿凶險，村民們甚至同意萬一有人入獄或遭處決，要彼此幫忙撫養孩子。這份在油燈下簽訂的協議，就藏在其中一位村民嚴宏昌家中屋頂的竹管裡。

不過，消息走漏並不是因為這份文件，而是因為私人的耕地產量暴增的事實。在這之前，農民早上聽到哨聲響起才開始到集體農場工作，而今有人天還沒亮就開始照顧自己的農地。一年下來，小崗村的收成比之前五年的總和還要多。地方官員大發雷霆審問了嚴宏昌，但是他運氣不錯，中國新的領導人鄧小平很喜歡他們的構想，並鼓勵其他村民嘗試類似的實驗。幾年之內，小崗村的秘密，成了中國的脫貧之路。

在脫離集體化的轉變過程中，法規往往趕不上實際狀況的變化。舉例來說，一直到一九八八年，中國才把雇用七人以上的私營企業合法化。[3] 然而，這個轉變既快速且影響深遠。在一九七八年的改革開始之後，十年之間每年約有一千萬中國人民——相當於現在瑞典的總人口——脫離貧窮的行列。[4]

各國政策均往市場靠攏

這些改變也提醒我們注意一個經濟學的原則，那就是科技和政策推動社會改變的力量，往往比社會規範（social norms）還強大。共產主義的社會裡，政策的影響力最是明顯。俄國的共產革命，導致了生活水準的崩潰；同樣地，中國一九七八年的改革開放，則讓千百萬原本餓著肚子的人民可以吃飽飯。從那一年起，中國的經濟成長每年都維持超過百分之九。貿易是這一波成長的關鍵因素，讓中國的製造業得以行銷全球市場。

中國加強市場作用的同時，英國和美國也是朝類似方向移動。英國首相柴契爾夫人在一九七九年、以及美國總統雷根在一九八〇年勝選上台之後，大幅減少了政府對經濟的干預。在英國，柴契爾將原本公營的公用事業部門（utilities）*大部分私有化。公共住宅的住戶有權購買他們房子的產權——長期的租戶可用市值的半價購買。超過一百萬戶的公共住宅被私有化。住房的擁有率一開始先上升，隨後又再下降，因為許多新的屋主把房子轉賣給了專業的房東。

在美國，雷根的八年執政裡，最高個人所得稅率從百分之七十減到了百分之二十八。面對航空塔台人員的罷工，雷根解雇了超過一萬名勞工，並以非工會人員取代。商界領袖也紛紛仿效。接下來這幾年內，參與罷工的銅礦礦工、肉品包裝工、巴士駕駛和製紙工人全都失業。[5] 工會的力量日益消退。雷根同時也減少了政府的監管，放寬對有線電視、海運、天然氣，以及州際貨車服務的價格管制。[6]

主張自由競爭的芝加哥學派成主流

芝加哥大學的米爾頓・傅利曼（Milton Friedman）是曾為柴契爾和雷根提供建議的經濟學家。傅利曼辯才無礙而且活力充沛，他和妻子羅絲・傅利曼（Rose Friedman）合寫了《資本主義與自由》（*Capitalism and Freedom*）和《選擇的自由》（*Free to Choose*）等暢銷書，製作了十集關於經濟學的紀錄片，並且定期在報紙發表文章。身為一個放任自由主義者（libertarian），傅利曼堅信自由至上，因此他反對徵兵制，支持毒品合法化，並主張小政府。傅利曼批評政府出資有助避免經濟衰退的主張。相反地，他提出了「恆常所得假說」（permanent income hypothesis），按照這個假說，一般家庭預期政府當前的開支將需要透過未來增稅來償付。傅利曼認為，支出就等於是要課稅。

恆常所得假說理論簡潔優雅，但是未能準確描述人們實際的行為。政府的開支，確實可提振整體的經濟活動——不管這是因為人們無法完全理性，或是因為他們相信政府的振興方案會促進稅基的成長。在實際情況裡，家庭並不會因為將來的稅單，而減少今日的支出。不論政治立場為何，政府在對應經濟衰退時，都不會嚴厲指控過度擴張財務的人們有失品格。相反地，他們會採用凱因斯學派的方法，提出及時的、有針對性的、暫時性的財政刺激措施。正如前央行總裁馬克．卡尼（Mark Carney）所說的：「就像散兵坑裡不會有無神論者，在金融危機裡也不會有放任自由主義者。」7

傅利曼並不是唯一一位在一九八〇年代具有影響力的「芝加哥學派」經濟學家。在競

* 譯註：公用事業部門，又稱為公共事業部門，是提供基本公共服務的相關行業和機構的總稱。這包括供水、供電、燃氣、交通、汙水處理等基礎設施相關的行業。在許多國家，這些行業通常受到政府監管，以確保公眾利益得到保護。

爭政策上，羅伯特．伯克（Robert Bork）和理查．波斯納（Richard Posner）主張對企業購併採取較寬鬆的做法，被稱為「消費者福祉標準」（consumer welfare standard）。他們主張，數大就有可能是美，並指出一些較大規模公司生產產品可以更有效率的例子。在一九八〇年代，這一派的思想在美國和世界各地越來越成為主流。根據芝加哥學派的看法，真正的重點並不在於購併或是價格政策是否傷害到競爭對手，而是在於能否證明它對消費者帶來傷害。在雷根時期，「競爭法」（competition laws）受到了抑制，銀行則有更多自由去投資範圍更廣泛的資產。

私有化的利與弊

在一九八〇年代，其他許多先進國家試圖縮減公共部門、降低企業稅率和個人稅率。一股私有化的浪潮席捲全球，歐洲、亞洲和拉丁美洲的各國政府紛紛賣出電信、港口、收費高速公路、電力公司和鐵路等國營的企業。[8] 在當時，許多經濟學家相信這些企業交由民營的效率會更高，因為他們將接受市場的嚴格考驗和競爭的壓力。

實際上，私有化的效用如今顯然被過度誇大。在許多案例中，這些被私有化的資產是

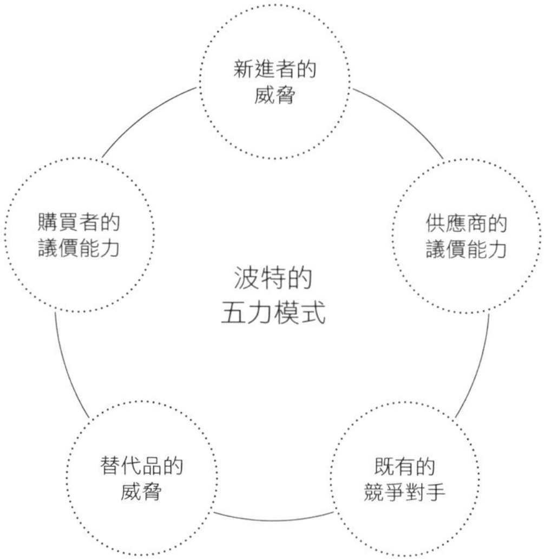

理所當然的壟斷事業，他們的獨占地位幾乎不受競爭者的威脅。任何人想要與私有化的鐵路壟斷事業競爭，首先可能需要投資數百萬美元購買新的火車——這應該會讓許多新進者望之卻步。賣掉具有壟斷性的鐵路公司或許有助政府的財政，但是如果它在接下來幾十年造成票價的高漲，那就是一筆糟糕的交易。

在商學院裡面，新進的執行長們認真學習麥可・波特（Michael Porter）的「五力」（five forces）分析，以判定一家公司能否享有異常高的利潤。[9] 一項產業，當它沒有競爭對手、當它潛在的市場進入者面臨障礙、當它的供應商缺乏議價能力、當顧客的選擇有限、當替代產品的威脅不存在時，便會得到管理者和投資人的讚許。

不過，這「五力」有助於獲利，卻無益於消費者。競爭的政策通常是採取恰好相反的方向——它朝向提高競爭、鼓勵新進者，並確保壟斷者與供應商和顧客交易時不濫用他們的權力。短視的私有化，就如前面鐵路的例子，往往有很好的初始售價（initial sale price），但實質上對消費者徵收了長期的稅，最後他們得付更多的錢給私有化的公共事業。如今的經濟學家對於可能被獨占的供應商所壟斷的私有化，往往抱持較為質疑的態度。

美貌的報償

亞里斯多德說：「個人的美貌，比任何推薦信函都更有用。」美貌經濟學研究外表吸引力和收入的關係。這之所以能成立，是因為美醜雖然是見仁見智，但人們的審美觀卻有其相似性。事實證明，如果你讓多人評斷一個人的外貌吸引力，他們會給出相近的答案。

經濟學家丹・哈默梅許（Dan Hamermesh）研究了評估外貌吸引力和收入衡量標準的幾項調查數據，他估算出容貌最出眾的人，收入比容貌最不好看的人多出百分之十左右。[10] 在先進國家，在整個職業生涯中，這樣的差額總共可達數十萬美元。整體來說，男性在容貌和收入之間的相關性要比女性更強。幾乎不會和顧客互動的職業，也同樣會出現美貌的效應，這可能顯示雇主對長相較無吸引力的人存在歧視。這種現象已經被稱為「外貌歧視」，但幾乎沒有任何司法會明文禁止基於外貌的歧視。

美貌的人們在其他方面也會受益。長得較有魅力的人比較容易申請到貸款；長得有魅力的候選人比較可能當選；長得有魅力的刑事被告比較容易被宣告無罪；長得有魅力的學生在課堂報告上會得到較高的分數；長得有魅力的教授——甚至是經濟學教授——會得到比較高的教學評價。就連小嬰兒，盯著好看臉孔看的時間也比較長。

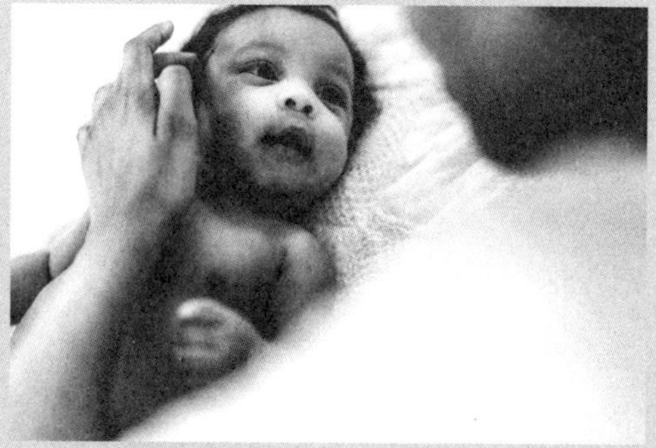

小嬰兒看見美麗的臉孔，注視的時間會比較長。

不過就算你沒有魅力四射的外貌也不用沮喪。不是傳統定義的俊男美女們，別忘了比較優勢理論，要把專注力放在自己其他的強項上，例如腦力、體力或是個性。

第11章

人口越來越多，社會越來越不平等

——通膨目標機制、全球貿易增長和貧富懸殊

在一九八〇年代，經濟政策的制定者在降低通貨膨脹方面取得了穩定的進展。我們前面已經見識過形式最險惡的通膨挑戰：惡性通膨。和一次大戰後的德國一樣，匈牙利在二次大戰之後經歷了一波殘酷的惡性通膨。有一度，匈牙利的年通貨膨脹率達到了百分之四十一億九千兆，政府發行了一億兆元的紙幣（一後面再加二十個零）。[1] 在一九八九年，隨著物價每個月翻倍一次，阿根廷政府宣布該國的紙幣用紙已經用罄。它是名副其實把鈔票全用光了。在羅伯特・穆加比（Robert Mugabe）統治期間，辛巴威的惡性通膨曾達到物價每天翻倍一次。辛巴威一家主要銀行的自動提款機曾經一度出現「資料溢出錯誤」（data overflow error），因為提款數字後面太多個零令它們無法處理。[2]

惡性通膨的問題成了建立金本位制的基礎，它將貨幣的價值固定在貴重金屬上。在實務上，這種做法被證明欠缺效率。我們沒有理由期待全球金礦開採的步調跟使用金本位國家的經濟成長同步吻合。假如礦工們發現了一個巨大的黃金礦藏，難道我們真的希望貨幣因此而貶值？金本位制在一九七〇年代初期的結束，代表著各國可以配合人口和生活水準的成長來增加貨幣的供給。主要經濟體也開始將彼此的貨幣脫鉤，放棄固定匯率，改採依他們的貨幣供需來決定的「浮動」匯率。

不過在中央銀行由政治人物控制的年代，經濟因素並不是管理通膨時的唯一考量。各國政府往往難以抗拒誘惑，會刻意操控選前的經濟榮景，結果往往是選後隨之而來的經濟蕭條。這種操作或許有助政客保住工作，但很多普通勞工卻會因往往在選後出現的不景氣而丟了工作。這個問題是如此顯而易見，你簡直從經濟圖表就可以看出哪些年份是選舉年。在二戰後的幾十年，美國大選後那一年的經濟成長率多半會低於選舉年。在歐洲也可以看出類似的模式。

對利率設定的政治干預，有些時候直截了當，不過它有時也可能暗中來一手。在一九七二年，美國總統尼克森面對通貨膨脹上升，擔心美國聯準會會升息來減緩經濟成長。為了威脅聯準會，尼克森散布了假消息，指稱聯準會主席亞瑟・伯恩斯（Arthur Burns）要求百分之五十的加薪。3

中央銀行開始獨立並設定通膨目標

這種「政治的景氣循環」(political business cycle）曝光後，導致了一個新的發展：財政的政策仍由民選的政治人物來制定，但是貨幣政策則由中央銀行獨立執行。我們在一九八〇年代看到了先進國家央行獨立性的穩定增長。高所得國家的中央銀行官員們，逐步從擁有與一般公務員並無二致的自主性，到如今享有類似法官的獨立性。

中央銀行不只是越來越獨立，同時它們也開始直接設定通膨目標。在一九七〇年代和八〇年代，中央銀行也曾設定中間指標（intermediate metrics），例如貨幣或信貸的數量，但是人們越來越了解到，通膨與貨幣供給之間的關係可能很薄弱。就像一位沮喪的央行總裁說的：「我們並沒有拋棄貨幣總計數*（monetary aggregates），是它拋棄了我們。」4

從一九九〇年開始，紐西蘭政府要求它的中央銀行維持通膨在零到百分之二之間，讓紐西蘭成了第一個要求央行明確專注在通膨數字的國家。經過多年的兩位數年通貨膨脹率之後，紐西蘭試圖讓劇烈的價格波動就此結束。

其他國家很快就跟進。加拿大在一九九一年，英國在一九九二年，澳洲在一九九三年。如今，大部分的央行都採取通膨目標機制，一般設在百分之二左右——這個水準被認為可以維持物價穩定，同時避免通貨緊縮（deflation）。正如同高通膨會導致不穩定，通貨緊縮也是個問題，因為它會導致支出停滯，家庭會暫緩重大採購，預期在下一年可以用更便宜的價格購買商品。

在實務上，中央銀行控制短期利率，這讓他們得以影響商業銀行對家庭和企業貸款收取的長期利率。

為什麼利率對經濟有這麼大的影響？有一個理解利率的方式，是設想它反映的是選擇今天消費而非明天消費的「價格」。利率低的時候，企業和家庭有誘因把他們的計畫提前。想要開一家新工廠或買一間度假屋？低利率可能幫忙推一把。反過來說，較高的利率讓借貸較缺乏吸引力，促使人們有意願延緩滿足感（delayed gratification），因而減少經濟活動。對中央銀行來說，利率就像車子的煞車和油門——在正確的時間踏正確的踏板，就可以迅速到達目的地而不至於衝出路面。

一些中央銀行只設定通膨目標，有些中央銀行則肩負雙重使命，需同時兼顧如失業等因素。實際上，它的差異可能沒有看起來那麼大。這要歸功於菲利普斯（那位打造液壓經濟模型機的男人）的研究，我們得以了解短期而言，通貨膨脹和失業存在密切的關係。因此專注在通貨膨脹的中央銀行，必然也會影響就業和經濟增長。它的目標是維持經濟在「金髮姑娘的狀態」（goldilocks state）——既不會太熱，也不會太冷。

通膨目標和央行獨立是否成功？以通貨膨脹而言，的確是的。在一九七〇年代的石油

＊編按：將企業及個人所持有的各種不同貨幣性資產加總後，所得到的一個統計數，是中央銀行控制貨幣數量與執行貨幣政策的主要指標。

危機之後，美國有十年的時間年通貨膨脹率超過百分之六，在一九八〇年達到最高的百分之十四。[5] 在整個一九九〇年代和二十一世紀最初十年，通膨維持低檔。在英國和日本也是類似的情況，他們在一九七〇年代通膨的最高點超過了百分之二十，之後在一九九〇年代和二〇〇〇年代則降到低而穩定的水平。

中央銀行的挑戰在於，利率會影響未來的行為，因此他們制定的貨幣政策，必是根據他們對即將發生的事所能做出的最好的猜測。正如一位美國聯準會主席曾經形容的說法，目標是在派對熱絡起來時，移走裝調酒的大碗。[6] 我們將會看到，在二十一世紀的前二十

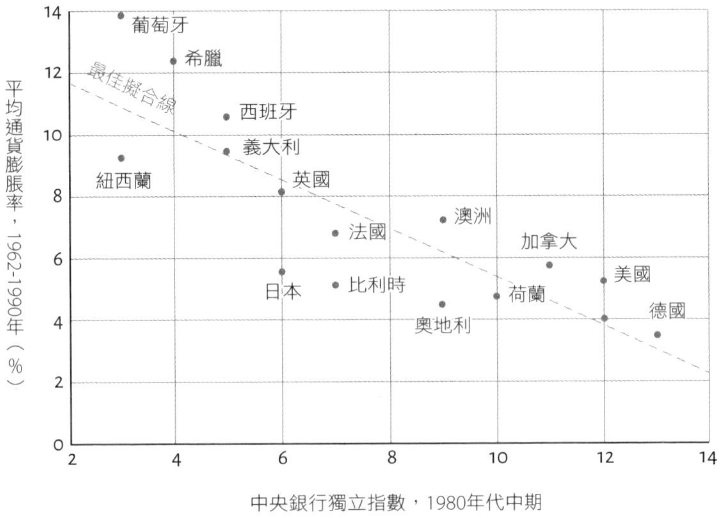

通膨與先進國家央行獨立性之關係。

年，央行的官員們在嘗試取得正確的平衡時，將遇到一些新的挑戰。

WTO與歐元進一步推升全球貿易量

在紐西蘭率先採行通膨目標機制的同時，印度也正準備實施建國以來最重大的改革——直接涉及到政府和市場之間平衡的改革。一九九一年，印度財政部長曼莫漢・辛格（Manmohan Singh）向國會提出預算，廢除了絕大部分的「許可證制度」——也就是對企業可以生產什麼產品做種種指示的制度。盧比貶值讓出口商獲利，一些產業則開放外國投資。外匯危機是促成這次改革的主因之一。當時印度只有可供維持兩星期的外匯，而且剛剛把四十七公噸的黃金運送到倫敦作為緊急貸款的抵押。[7]辛格認為這些改革將標示印度的崛起，成為「世界的經濟強國」。

就像英國在一八四六年廢除「穀物法」及中國在一九七八年朝私有財產制的轉向一樣，印度在一九九一年的改革對經濟有巨大的影響。經濟成長加速、民營企業快速成長。印度最大的跨國企業塔塔集團（Tata Group）擴展營運，從化學製品到諮詢服務無所不包。塔塔買下了英國茶葉製造商泰特利（Tetley）以及英國代表性的汽車品牌捷豹（Jaguar），簡直可說是對殖民主義的巧妙翻轉。不過，印度改革的故事也提醒了我們只注重平均數的風險。在改革前，印度底層百分之五十民眾的收入成長，要比最頂層百分之一的人還要快。在改革之後，印度的收入成長，最頂層百分之一的人明顯要比底層百分之五十的人快了許多。[8]

印度的新創業者面臨的環境，比起其他許多低收入國家更有挑戰性。二〇二〇年，依據世界銀行估計，在印度創業需要十道程序，要花十七天，費用是將近一個月的平均工資。[9]另一個極端是東歐國家喬治亞，在這裡創業只要一道手續，用一天的時間，花費是相當一個星期的平均工資。

在二十世紀的後半葉，貿易量的增長速度已經超過全球經濟產出的增長速度，反映的是持續的經濟整合。不過這個趨勢從一九八五年到一九九五年又再加速——一位貿易史學家稱這段時期是「改變世界」的十年。[10]有些國家變得開放是因為他們已經用光了外匯供給。有些國家則是被世界銀行或國際貨幣基金（ＩＭＦ）這類的全球機構說服，相信貿易可以促進繁榮。在這十年，橫掃全球的民主化浪潮也讓政治更傾向於降低關稅，擺脫過去保護裙帶關係公司的做法。

世界貿易組織（World Trade Organization, WTO）在一九九四年終於正式成立。半個世紀前，布列敦森林會議曾設想要創立「國際貿易組織」，但是美國參議院反對這個提議，迫使全世界只能仰賴關稅暨貿易總協議。儘管名稱有點拗口，這個機構督導了全球的平均關稅從一九四七年的百分之二十二降到如今的百分之三。11

推動貿易發展的另一個助力，是十一個高收入歐洲國家採用單一貨幣「歐元」的決定。於一九九九年啟用的歐元，讓人們進行貿易和旅遊變得更容易。它的缺點在於，參與國失去了在危機出現時讓貨幣貶值的彈性。這個危險在十年後，當歐債危機導致希臘陷入嚴重衰退時展露無遺。

亞洲國家從貧窮邁向富裕的路徑

貿易對亞洲國家的景氣發展特別重要。「亞洲四小龍」（韓國、台灣、香港和新加坡）成功採用出口導向的方式促進經濟成長，從一九六〇年代到一九八〇年代，平均所得獲得快速的增長。在一九八〇年代，中國與美國和歐盟談判達成了最惠國協議，確保了中國出口產品的關稅不高於其他貿易夥伴。二〇〇一年，中國加入了世界貿易組織。

其他亞洲國家遵循了類似的路徑。在一九九〇年代，評論家開始討論所謂的「亞洲五小虎」——印尼、馬來西亞、菲律賓、泰國和越南。出口導向的製造業、外資的引進，以及教育的進展，讓這幾個國家在六十年的時間裡，穩定地從低收入國家逐步轉為中收入國家。看出這個成效的一個方法，是拿這幾個比較開放的經濟體跟拉丁美洲較封閉的經濟體（例如巴西和阿根廷）做比較。在二十世紀中葉，東亞地區的生活水準不及拉丁美洲的一半；到了二十世紀末期，這個差距已幾乎完全消弭了。[12]

一個新加坡的選擇權交易員，弄垮了霸菱（Barings）這家倫敦最古老的商人銀行（merchant bank）*，這個事件凸顯了金融實力朝亞洲的轉移。二十八歲的尼克・李森（Nick Leeson）從事衍生性金融商品（derivatives）的交易——它是從其他資產衍生其價值的金融工具。衍生性商品最簡單的形式是農產品期貨。假設有一個小麥農擔心小麥價格從現在到收成日之間的變動，期貨市場允許她以當天的價格賣出她的小麥，並在未來指定的一天交貨。另一個形式的衍生性商品是在某個特定價格買進或賣出的選擇權，它可用來轉移風險。

不過正如保險是把風險從顧客身上轉移給保險公司，衍生性金融商品是把風險轉移給另一個交易員。李森初期為霸菱進行的交易非常順利，其中一年還為公司貢獻了十分之一的利潤。但是當他遇到問題時，他設置了一個「錯誤帳戶」（error account）**向管理團隊隱瞞損失。一九九五年，李森進行交易，內容大致等於對賭日本股市不會下跌。結果發生了阪神大地震，也讓他輸掉了這個賭注。衍生性金融商品交易的危險性，讓問題變得更加嚴重。當你持有股票時，最糟糕的情況是你的股票價值歸零。相比之下，當你擁有某些衍生性金融商品，你的損失將沒有底線。霸菱損失了超過十億美元。銀行宣告破產，李森之後也入獄。二、三十年之後，衍生性金融商品仍然受到監管人員嚴密的監督。衍生性金融商品可以降低個別交易員的風險，但它也可能讓整個金融體系波動更加劇烈。

儘管金融市場存在著波動性，對許多亞洲人來說，一九九〇年代是持續繁榮的時期。解釋經濟的發展是經濟學的核心問題之一，有位經濟學家對於貧窮國家如何變富裕提出了嶄新的洞見，而他的人生故事比任何經濟學家都還要不尋常。

在二十六歲時，林毅夫服役於台灣的陸軍，在靠近中國大陸只有幾公里的金門擔任連長。他告訴他的士兵，當晚將有軍事演習，如果在水中看到任何人都不要開槍。接著他在入夜之後下水，游到了對岸，投奔了共產政權。隔年，他在北京大學研讀經濟學，人生又遇到一個幸運的轉折。獲諾貝爾獎的經濟學家狄奧多．舒茲（Theodore Schultz）到中國訪

---

* 編按：商人銀行是歐洲國家對投資銀行的稱呼，即幫助企業或政府在資本市場籌集資金及提供財務顧問的金融機構。

** 編按：是一種用於儲存因交易錯誤、延遲或不一致而產生的賠償金額的帳戶或科目。

問，林毅夫擔任他的翻譯。舒茲相當欣賞這個年輕人，幫他安排了全額獎學金，讓他在芝加哥大學完成博士學位。之後，便是他成果豐碩的研究生涯。

林毅夫在擔任世界銀行首席經濟學家任內，以大量著作、文章和演說傳達了他的理論。在他看來，在二戰後表現最好的低收入國家不只都以市場為導向、有穩定的總體經濟政策和開放的經濟，同時他們也都有國家積極主動的引導。13 這些國家的政府找出他們認為具有比較優勢的產業，並透過建立經濟特區、投資基礎建設和促進外資等方式予以協助。相較於普里維什在拉丁美洲建議國家要隔絕外國競爭的方法，林毅夫的東亞策略則主張，國家要透過資助研究和打造基礎設施，來支持關鍵的出口產業。不過這個路線也有其風險，因為政府有可能選擇了錯誤的產業，或是發現暫時性的政策變成了永久的常態。正如有批評家指出，對於「嬰兒產業」的支持，往往持續到這些產業早不該再穿尿布的時候。

促成全球人口和平均餘命增加的因素

即使在最明顯市場導向的國家，政府對於推動科技發展也扮演強大的角色。14 倫敦大學學院的瑪莉安娜・馬祖卡托（Mariana Mazzucato）指出，重大的科技創新往往隨著政府投資科技的「使命」而出現——例如登陸月球或是建造網際網路。「創業型國家」（entrepreneurial state）才是創新背後的推動力，但常被錯誤地歸功給私營產業。

科技的快速擴展，是世界人口和平均餘命持續提升的一個重要原因。在一七九八年，英國牧師托馬斯．馬爾薩斯（Thomas Malthus）認為，糧食的供應無法追趕上人口增加的腳步，因此大規模的饑荒和人口的消亡將不可避免。在一九六八年，生物學家安．埃利希（Anne Ehrlich）和保羅．埃利希（Paul Ehrlich）宣稱：「想餵飽所有人的戰鬥已結束。」他們進一步預測「全世界在一九七〇年代將經歷饑荒——數億人將因飢餓而死亡」。埃利希夫婦無情地建議停止所有對印度的糧食援助，因為這個國家「在人口與糧食的賽局中遙遙落後，我們的糧食援助幫他們達成自給自足的希望是零」。

印度如今的人口數，是當初埃利希夫婦的書寫成時的兩倍有餘。營養不良和幼兒死亡的比率已經下降，平均餘命和平均身高則上升。印度的生育率已經下降到低於每個女性生育二．一人的「人口替代率」——也就是人口預期可自我維持的水平。[15] 按現今的預測，全球生育率大約再過一個世代後將低於人口替代率，之後世界人口將達到約一百億人的巔峰，之後開始逐步下降。[16]

為什麼馬爾薩斯和埃利希會弄錯？主要的理由是創新推翻了末世論者的觀點。有刺的鐵絲網，讓人們得以用廉價的方式圈養大型動物，促成了大規模的牛羊畜牧。曳引機促成了大規模的農耕，節省了農民大量的勞動工時。哈伯博施法（Haber-Bosch process）讓人們得以把大氣裡的氮轉化成含氨的肥料。人們不需開採熱帶島嶼的鳥糞，就可以工業化生產肥料，每年產量超過兩億噸。如今你體內半數的氮，都是用哈伯博施法製造出來的。[17]

在一九六〇年代「綠色革命」的一個重要發展，是培育了半矮生、抗病的小麥，它的產量將近普通小麥的兩倍。諾曼·布勞格（Norman Borlaug）把這些植物引進到印度、巴基斯坦和墨西哥，被譽為拯救了超過十億人的生命。更近期一些，基因改造的作物讓農民得以增加產量，同時減少農藥的使用。如今全世界超過十分之一的農地種植基因改造的作物。農藥的使用減少對自然環境有利，這有一部分原因是受到瑞秋·卡森（Rachel Carson）著作《寂靜的春天》（*Silent Spring*）的鼓勵。減少農藥使用也降低了農藥中毒和農民自殺的事件。[18] 當今的研究人員正在探索基因改造的一些可能性，包括添加維他命的蔬菜，以及能更有效進行光合作用的植物。

在醫學方面，現代的抗生素改變了醫生們治療細菌感染的方式。一百年前，美國總統柯立芝（Calvin Coolidge）的兒子因一場網球賽之後一個腳趾頭上被感染的水泡而死亡。幾年之後，亞歷山大·弗萊明（Alexander Fleming）發現了盤尼西林。在諾曼第登陸時，已有數百萬劑的盤尼西林供盟軍部隊使用。在二戰之後，盤尼西林也開始供應給平民。如今，抗生素在醫療和農業上被廣泛使用（以及過度使用）。肺結核、破傷風、小兒麻痹、B型肝炎、麻疹、流行性感冒、肺炎，以及COVID的疫苗拯救了數以百萬計的生命。

經濟學家在擴大採用有效治療方法上也發揮重要的作用。在一九九〇年代，專家們對於可防制瘧疾的蚊帳應該出售還是免費提供有不同的意見。有些人主張，拿到免費蚊帳的村民不會珍惜它，可能選擇把它拿去當成效率不佳的魚網使用，而不是當成保護自己和孩子的救命工具。為了解決這個爭論，研究人員進行了一連串大規模的隨機試驗，提供一些人免費的蚊帳，另外一些人則有機會用補貼的價格來購買。結果發現，免費提供的蚊帳有更高的使用率，而且有同樣機會按照預期的目的來使用。[19]於是，捐贈團體開始轉為提供免費蚊帳。在艾絲特·杜芙洛（Esther Duflo）、阿巴西·巴納吉（Abhijit Banerjee）、麥可·克里默（Michael Kremer）、迪恩·卡蘭（Dean Karlan）的帶領下，隨機試驗在發展經濟學中被普遍應用。隨機化的好處在於，它提供了強有力的方法來確認因果關係。

我們很容易忽略了由醫療衛生和農業創新所促成的全球人口和平均餘命的大幅提升。自一八〇〇年以來，全球人口已從十億人增加到八十億人。在當時，沒有一個國家的平均餘命超過四十歲。今天，每一個國家的平均餘命都超過四十歲。全球平均餘命已經從一八〇〇年的三十歲以下，到今天的七十歲以上。

從經濟學的觀點來看，人口和平均餘命的增加可能比平均所得的增加更為重要。假設你可以選擇健康地活兩倍的壽命或是得到兩倍的收入，你會選哪一個？我會選擇長壽，我知道許多朋友也會做一樣的選擇。這一點也提醒我們，經濟學的核心是福祉，而不是收入。如澳洲出生的經濟學家賈斯汀．沃夫爾斯（Justin Wolfers）所說的，經濟學關心的不只是錢，就像建築關心的不只是幾英吋。金錢在比較成本和收益時是一個實用的衡量工具，但是它不是最終的目標。

如何減少日漸加劇的不平等？

上述這一切並不表示科技的進步和進入全球市場已經解決了世界上所有的問題。許多國家顯然正陷入「中等收入陷阱」（middle income trap）——無力躍升到高所得國家的行列。完成這個轉換過程的國家，像是日本、新加坡和南韓則屬例外。到二〇二〇年底，全球有七．一九億人處於極端貧窮，其定義是一天生活費用不到二．一五美元。這些人大部分都居住在非洲的撒哈拉以南地區。

在全世界大部分國家，過去三十年來不平等的現象都加劇了。某些國家不僅富人快速拉大和其他人的差距，窮人也變得更加貧窮。在蘇聯解體之後，人民酗酒更嚴重、死亡率升高，政商寡頭得勢。半數最貧窮的俄羅斯人的實質所得比一九八〇年的時候少了約四分之一。[20] 自一九八九年共產黨下台之後，俄羅斯百分之九十九的經濟成長流入了所得最高百分之十的人的口袋。普丁統治的俄羅斯可能比沙皇尼古拉斯二世統治的帝俄還要不平等。

透過所謂的「大象曲線」（the elephant curve），可以直觀呈現全球

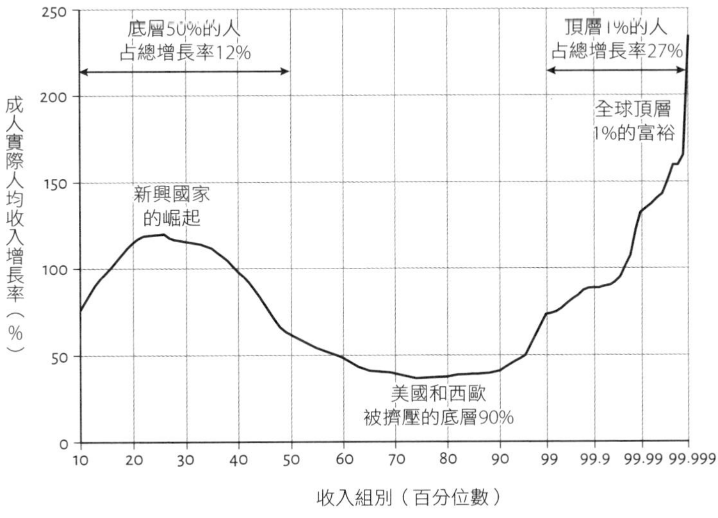

全球收入總成長按百分位數分列，1980-2016年。

經濟成長的分布情況。這個圖表最早是由出生於塞爾維亞的經濟學家布蘭科．米蘭諾維奇（Branko Milanovi）所創，之後經其他研究人員的更新，呈現了從一九八〇年到二〇一六年全球所得分布的成長率：最貧窮的人在圖的左邊，最富有的人在右邊，中間則是全球的中產階級。

如果瞇著眼睛看，你應該看得出大象的形狀：最底層的人成長緩慢（象尾），第二十到第三十百分位數的成長較快速（象背），接下來的中上階級成長疲軟（象鼻下彎的曲線），然後最高收入的層級有亮眼的成長（象鼻的鼻尖）。新興經濟體的強勢經濟成長形成明顯的隆起。先進國家受到擠壓的中產階級構成象鼻的底部。至於全球菁英階級的繁榮發展則形成高高伸展的象鼻，直指天際。

整體而言，教育跟得上科技的發展、有強大的工會，以及採取漸進稅率的國家，往往比較平等。如果經濟成長率（g）可以跟上資本報酬率（r），平等也會獲得改善。

有幾種不同的方式可透過社會安全網來減低不平等的情況。歐洲模式傾向於提供失業者較為慷慨的支持。美國模式著重於鼓勵人們工作，其中一個方式是透過勞動所得稅收抵免（Earned Income Tax Credit），這套計畫為低收入者，特別是有子女的低收入者提供薪資補貼。在最慷慨的情況下，這個計畫提供百分之四十的補助——這代表時薪二十美元的人，在勞動所得稅收抵免政策下，一小時的工作可以得到二十八美元。

這兩個模式何者較優，取決於你認為科技對工作會產生什麼影響。[21] 對工作悲觀的人認為，以人工智慧驅動的機器人變得越來越聰明，很快就能從事所有你能想到的任務，所以我們最好為沒有工作的世界做好準備。工作的樂觀派則指出，這類的論點在過去幾波科技潮中已經反覆出現，從機械紡織機到桌上型電腦，然而我們周遭還是始終有工作。身為天生的樂觀主義者，我個人的傾向是較支持鼓勵工作的政策。對多數人而言，工作不只是收入的來源，它也提供我們意義和身分。失去工作的人經歷到的幸福感下降比損失收入還嚴重許多。現在就捨棄工作似乎還言之過早。

醫療保健是另一個美國模式和歐洲模式有顯著不同的領域。或許我們可以透過「醫療保健鐵三角」（iron triangle of health care），也就是醫療保健系統對於成本、品質和可及性（cost, quality, and acces）三者之間的權衡取捨，來思考這個問題。[22] 美國為有幸獲得醫療保險的人提供高品質的醫療照顧，但是它的支出超過任何其他的先進國家，同時仍有一些人得不到醫療保障。歐洲的制度比較無法提供最新的療法，但醫療對象較為普及。

醫療保健經濟學提醒我們，一些科技上的突破提供了增加醫療支出的正當性。[23] β交感神經阻斷劑（beta blockers）降低了心臟病發的發生率，增加使用外科手術來治療心臟病發也大大增加了病患存活的機率。為體重不足的新生兒提供特殊呼吸器，和改善肺部發展的人工表面張力素（artificial surfactants）等療法，提高了小嬰兒健康長大的機率。白內障手術從過去要住院三晚，而且經常出現併發症的重大手術，到如今成為只需不到半小時療程的日間手術。每一項技術的發展都讓我們延長了健康的平均餘命，從而印證投資的正當性。然而在脊椎融合術（spinal fusion）治療背痛這類領域，倒似乎沒有證據顯示病患變得更加健康。隨著個人化醫療和機器人手術的興起，「醫療健保鐵三角」將進一步接受考驗。各國政府做出的選擇將同時對經濟成長和不平等問題造成影響。

貧富懸殊最不平等的國家，往往對公共服務的投資不足，這個現象被經濟學家約翰·高伯瑞（John Kenneth Galbraith）形容為「私人富裕、公共髒亂」（private opulence and public squalor）。[24] 在巴西里約熱內盧，犯罪猖獗的

毗鄰貧民窟的私人泳池，凸顯里約熱內盧的貧富差距。

貧民窟就和伊帕內瑪海灘林立的豪華酒店遙遙相望。在南非開普敦，住在城市豪宅的人們使用私人的發電機、私人交通工具、接受私立的教育、雇用私人的保全人員。而住在棚屋裡的人們要忍受斷斷續續的電力供應、不可靠的火車、勉強維持的學校，以及每年每一千五百人中就有一個人遭到謀殺的謀殺率。在印度德里，最富裕的家庭有一大群的僕從，卻有全世界最糟的空氣汙染。

運動經濟學

運動賽事只占了全球經濟不到百分之一的比例，但它可做為讓我們理解更廣泛經濟行為的縮影。[25]這學科可以追溯到一九五〇年代對棒球勞動市場的分析，不過它在千禧年的世紀之交出現爆炸性成長，二〇〇〇年創立的《運動經濟學期刊》（*Journal of Sports Economics*）標誌了它發展的里程碑。

市場結構事關重大。運動賽事的壟斷問題甚至比一般經濟領域更嚴重，但很少人想看一面倒的比賽。為了維持所謂「競爭力平衡」，許多運動聯盟會分享收入、限制薪資上限，並提供墊底球隊下一個賽季的優先選秀權。

運動賽事是研究瞬間判斷是否存在種族偏見很管用的實驗室，一項對NBA職籃裁判們進行的研究發現，他們更容易對不同種族的球員判個人犯規。[26]另外，運動也為新冠病毒的長期影響提供了一些見解。在疫苗問世前的賽季，一項對歐洲足球員進行的研究發現，曾感染新冠病毒的球員明顯表現不符預期。即使在感染了八個月後，這些年輕運動員的傳球次數還是比沒感染的隊友們少了百分之五。[27]

運動比賽是人們會根據規則創造的激勵誘因做出回應的競技場——即便它不符合所謂的運動家精神。[28]在二〇一二年的奧運會上，有四個女子羽球雙打組合試圖在小組賽故意輸球，以便在籤表上取得有利位置，結果遭取消比賽資格。激勵的誘因果然無處不在。

當球隊間的實力越平均，觀眾進場人數就越多。

第 12 章

市場熱，地球更熱

——氣候變遷、金融危機、貪腐和低利率的考驗

二〇〇〇年剛開始，寵物網站pets.com用它的襪子布偶吉祥物當主角，推出了百萬美元的美式足球超級盃（Super Bowl）廣告，並舉行了首次的公開募股，籌募到八千兩百萬美元。到該年年底，它的股價從每股十一美元崩跌到〇．一九美元。現在看來，這家公司有很棒的行銷策略，但是它的商業策略卻是用遠低於成本的價格出售貓砂和狗食。這代表pets.com吸引的顧客越多，賠的錢也就越多。pets.com成了代表那一年科技股股災的吉祥物。

在之前的十年，網路蓬勃成長。這個「網路一．〇」（Web 1.0）的階段見證到了搜尋引擎、檔案分享、政府網站，以及商業活動的成長。在二十世紀接近尾聲時，全球網路使用者的數字年年倍增。[1] 一些如谷歌和亞馬遜之類的公司，未來將持續主宰他們的產業。另一些如pets.com、eToys、GeoCities、Webvan和garden.com等的公司，則無法創造足夠的營收來滿足它們的投資人。

美國科技業泡沫的破裂，就如更早之前的亞洲金融風暴一樣，事後證明是區域性的衰退而非全球性的現象。以科技類股為主的那斯達克股市（NASDAQ），市值從它二〇〇〇年的最高峰重挫了百分之七十八，二〇〇一年的九一一恐怖攻擊延長了它的跌勢。不過相對而言，衰退為時短暫，失業率的上升也相對溫和。包括英國、加拿大和澳洲在內的許多國家都完全避開了衰退。

行為經濟學幫助我們做出更好決策

在二〇〇二年，諾貝爾經濟學獎頒給了普林斯頓大學的丹尼爾・康納曼（Daniel Kahneman），表揚他發展行為經濟學的貢獻。經濟學獎並不是最初諾貝爾獎創設的獎項之一；它在一九六九年才設立，目的是紀念瑞典中央銀行創設三百週年，獎金由瑞典中央銀行提供。非經濟學家有時會質疑它是否算真正的諾貝爾獎，但對經濟學家來說，它代表的是這門學科的最高榮譽。

康納曼是心理學家，而不是經濟學家，不過他的研究展示了一系列與「經濟人」的標準理性模型大相逕庭的系統性差異。你被蚊子叮咬而死的機率是被鯊魚咬死的八千倍，你死於車禍的機率是死於墜機意外的四千倍。[2]但是多數人擔心鯊魚和飛機遠多於蚊子和汽車。我們浪費錢玩吃角子老虎，卻沒有存足夠的退休金。餐廳在菜單上多擺了一些昂貴的品項，讓我們掏出更多的錢（因為它誇大了我們對於一頓飯合理價格的預期）。線上零售商則利用「限量閃電預購」誘使我們購買不必要的商品。一到晚上我們忍不住又熬夜，因為就像戲劇演員傑瑞・史菲德（Jerry Seinfeld）說的，只睡五小時，只對「晨型人」有問題。

和阿莫斯・特沃斯基（Amos Tversky）（若不是他在一九九六年先過世，應該會與康納曼共享諾貝爾獎）一起合作，康納曼的貢獻是從這一系列古怪的結果往前推進，把行為經濟學納入一套完整的決策理論中。康納曼主張，大腦使用兩種「系統」。[3]「系統一」（System One）是快速的、本能的，而且情緒的。這個系統容易產生行為的偏誤。錨定偏誤（anchoring biases）代表的是，當某個商品從原本較高的價格打折降價時，人們就比較可能購買。規劃謬誤（planning fallacy）代表的是，一般廚房重新裝潢的規劃，最後將花費兩倍於原本預期的預算。當我們做迅速判斷或是採用經驗法則，我們使用的是「系統一」，而它往往容易出現偏誤。

「系統二」（System Two）較理性，但也較緩慢。我們用「系統一」來運算二乘以二，計算十七乘以二十四，我們會用「系統二」。它比較費功夫，也往往比較理性。我們決定要買什麼樣的洗衣機時，值得用「系統二」以做出盡可能最好的決定。康納曼研究的重點，並不是要求我們對於所有決定都要仔細運算和運用理性，而是要辨認行為偏誤何時可能導致我們做出不好的選擇，以及這些決定何時會讓我們付出重大代價。如今，行為經濟學被當成經濟學標準課程內容的一部分，對於研究要如何承擔風險和購買保險，對未來和現在要如何權衡取捨，以及如何被「輕推」（nudged）＊做出更好的決定，行為經濟學都具有重要的意義。

人類史上最大的市場失靈事件

人類面臨的最重大決定之一，是如何應付全球暖化。二〇〇五年，英國政府委託經濟學家尼古拉斯・史登（Nicholas Stern）撰寫關於氣候變遷經濟學的報告。在隔年交出的「史登報告」成了有史以來關於氣候變遷最重要的經濟學報告。經濟學家老早就熟悉外部性（externality）的概念，這要歸功於一個世紀前劍橋大學亞瑟・皮古（Arthur Pigou）的研究貢獻。假設有一個骯髒的工廠坐落在洗衣店的隔壁，當工廠運轉的時候，就會累積灰塵在洗衣店的被單上。這是市場失靈（market failure）**的一個例子，因為工廠並沒有為它強加在洗衣店的成本付費。最簡單的解決方法，是禁止在洗衣的區域設立會汙染的工廠（或是相反過來）。另一方面，政府可以制定「皮谷稅」（Pigouvian tax），稅額就相當於工廠對洗衣店造成損害的價值。另一位經濟學家隆納・寇斯（Ronald Coase）主張，如果交易成本夠

---

* 編按：「nudge」一字的英文原意是「用手肘輕推」，而輕推理論就是運用適度誘因或鼓勵、提醒等方式，在不限制個人選擇自由的情況下改變人的決定。

** 譯註：市場失靈是指市場中無法有效分配資源或產生不公平結果的情況。以洗衣店隔壁的骯髒工廠為例，工廠的產品和消費者影響了洗衣店產品和消費者的利益，也就是它的「自外部性」導致了市場失靈。

低的話，那麼各方可以透過談判來達成有效率的結果（不過他也承認，這在實務上幾乎很少會發生）。

史登在他的報告中總結，氣候變遷是世界上所發生過最大的市場失靈事件。排碳汙染帶來巨大社會成本，但排放者幾乎沒有任何減少排放的誘因。史登認為，在不受管制的情況下，氣候變遷將危害糧食生產、用水的取得，以及人口健康。水資源短缺、海岸線遭淹沒和饑荒，會影響數以億計的人，以相當於世界大戰的規模衝擊人們的生活。這些成本很可能相當於永久性地每年損失百分之五的全球總收入——最高甚至可能一年造成全球總收入百分之二十的損失。史登報告的結論認為，花費一個相對微小的金額——大約百分之一的全球總收入——就可以有效降低溫室氣體的排放，限制氣候變遷造成的最嚴重影響。行動的關鍵是確保一些不可避免的投資——包括能源生產的現代化和交通網路更新等等——能夠用減少碳排放的方式進行。

政府間氣候變化專門委員會（Intergovernmental Panel on Climate Change，簡稱IPCC）的報告引發了全世界對這個議題的重視，其中一些科學家主張地球已經進入了新的地質年代——人類世（Anthropocene）。史登報告採用了經濟學的視角：它說明行動的利益大過於成本。報告的核心結論在於它對未來和現在給予相同程度的重視，選擇不對未來採取正常的經濟貼現率（economic discount rate）。這與經濟學家們通常分析長期決策的方式並不一樣。在考慮是否要興建公路時，政府多半會降低對未來效益的預估，來反映這筆資金可以用在其他投資，賺取讓這筆錢在未來變得更有價值的回報。

對於氣候變遷的分析則有所不同。如果我們採用標準經濟貼現率去減少未來的成本，實際上等於暗示，我們認為未來幾世代人的生命不如今天的人們有價值。美國白宮的行政管理與預算辦公室在評估基礎建設計畫時，建議各單位進行分析時採取最多到百分之七的貼現率。不過百分之七的貼現率意味著如果收益是在十年之後實現，那麼它必須是成本的兩倍，如果收益在一百年後才會實現，它就必須達到成本的八百六十八倍。應用到個人身上，這意味著一百年前一個人的價值，是如今八百六十八人的價值。但是我們會認為百年前英王喬治五世的價值，等於今天一整所高中裡頭所有人的價值嗎？為了避免導出這個荒謬的結論，史登選擇使用一個較低的貼現率，加重對未來世代福祉的重視。

史登報告的發表，雖然引發了經濟學家們對於貼現率選擇的討論，不過它基本的結論已經廣泛被接受。經濟學家們正與各國政府合作，設計各種減少碳排的計畫，而多數先進國家的碳排量也在下降之中。一個核心挑戰是中國的溫室氣體排放，它占了全球總數的三分之一，而且近年來還在持續增加。鼓勵更多低收入國家轉向淨零排放（net zero emissions），是如今解決這個全球最大市場失靈問題的核心議題。

次級房貸風暴——一場人人都是兇手的金融危機

不過，市場並不會老是失靈，而且簡單的交易行為就可創造很大的價值，了解這一點對我們可能很有用處。你早上喝的咖啡，花費應會低於你願意付的最高價：我們把這個價差稱為「消費者剩餘」（consumer surplus）。同樣地，咖啡店售出的價格，也應該多於它願意接受的最低價：我們稱呼它是「生產者剩餘」（producer surplus）。

在二〇〇五年，加拿大的網路作家凱爾．麥唐納（Kyle MacDonald）精彩演繹了這套原則，用一根紅色迴紋針換到了一棟房子。首先，他用他的迴紋針交換了一枝魚造型的筆。接著再用筆交易了一個手工雕刻的門把，再來他用門把換了一個露營用的爐子。如此進行到第十四次、也是最後一次的交易：他用一個電影角色換到了一棟小房子。在每一次的交易步驟中，麥唐納都認為新物件比舊物件更有價值，但是他會跟某個認為舊物件比新物件更有價值的人做交易。麥唐納不光是自己得到了一棟房子——他透過十四次交易達成目的，而且每一次交易也讓另一個人得到更想要的東西。

麥唐納不是唯一一個想要有房子的人。在二〇〇五年，美國經濟已經從短暫的科技股危機中恢復，房地產市場出現了一片榮景。在這個時期，發達國家的房價普遍上揚。平均來說，在一九九五年，中等收入的一對夫妻養兩個子女，大概要用七年的收入才能在自己國家首都買一間六十九平方公尺（約十八坪）的公寓。到了二〇〇五年，同樣的公寓，價格已上漲到需要花十年的收入。[4]

在美國，房價的漲勢尤其猛烈。二〇〇七年，經濟學家羅伯特．席勒（Robert Shiller）把過去一百年的美國房價走勢設計成一部雲霄飛車的模擬動態影片。[5]這部模擬影片帶著觀眾忽高忽低，到最後是猛烈往上攀升。當它結束時，觀眾可以看到雲霄飛車正停在史上的最高點。

房價上漲的同時，借貸的標準則在下跌。在美國加州的貝克斯非（Bakersfield），一名年收入一萬四千美元、不會講英文的摘草莓工人，得到了總價七十二萬美元的一棟住宅的貸款。[6]這類所謂的「忍者貸款」

麥唐納和他第一個與最後一個交易的物品。

（NINJA loans，NINJA是縮寫，代表無收入〔no income〕、無工作〔no job〕、無資產〔no assets〕）預設的前提是房價會持續上漲，讓借貸人有能力再融資。在借出的這一方，貸款已經被「證券化」（securitised）——代表它們被包裝再轉賣給投資人。理論上，這是讓風險更廣泛分散，並促成市場加速成長。問題是，這樣一來誘因被改變了。在過去，銀行借錢給人們買房子，如果借錢的人不能償還，銀行就要虧錢。在證券化之後，簽訂貸款的人不用再負擔風險，這製造了誘因讓他們把太多的錢借給那些償還不起的人們。

當心性別的薪資差距！

就全世界來說，女性每小時工資比男性少百分之二十。[7] 儘管隨時間推移，這個差距在縮小，但仍代表著可觀的落差。平均而言，一九六〇年代的性別薪資差距是今日的兩倍。[8] 從一三〇〇年到一八〇〇年，歐洲的性別薪資差距更大，女性的所得往往只有男性的一半。[9]

性別的薪資差距要如何解釋？一個歷史因素是女性受的正規教育比男性少。這如今已不再適用，女性在許多國家的教育程度已經超過男性。不過有個重大的因素是男性和女性所從事的工作類別。護理經濟中的職務以女性占多數，薪資往往較偏低。工程師或電腦程式設計則由男性主導，並有高於平均值的薪資。

在過去，有些經濟學家認為男性和女性的職業是自由選擇的。近來的研究已對這個觀點提出質疑。舉例來說，我們知道女性在工作中較易遭遇性騷擾，而這類的騷擾可能阻止女性選擇某些職業。如果技術性的工作有較高的性騷擾比例，就可能降低女性選擇這類職涯的意願，而擴大了性別的薪資差距。

另一個因素是歧視。女性在工作中受到歧視的比例較高，儘管這種情況在過去一百年來已經逐漸減少。一項追蹤變性男女的研究有令人玩味的發現：變性成女性的人薪水較容易變少，而變性成男性的人較易見到薪資上升。[10]

現代社會性別薪資差異最大的因素，或許是所謂的「母職懲罰」（motherhood penalty）。在許多國家，沒有生育子女的男女，彼此薪資的差距並不是那麼明顯。但是以育有兒女的人而言，女性比男性花更多時間在勞動力之外的事務上。女性有了孩子之後，她們的收入通常會減少或停滯不前。這不只是因為母親往往從事兼職工作，也因為她們只能選擇較沒有吸引力的職涯發展軌跡，有時這被稱為「媽咪軌跡」（the mummy track）。由於在勞動力市場的經驗值較低，於是女性的薪資會比男性低。

這樣的薪資差距，在哈佛的經濟學家戈丁所稱的「高要求職業」（greedy jobs，或譯貪婪職業）中益發明顯。[11]在許多國家，女性的人數在例如企業的執行長、律師事務所合夥人、政治人物和外科醫師等時間密集（time-intensive）的工作角色上，都有嚴重低於適當比例的情況。難以兼顧事業和家庭的工作，往往是性別薪資差距最嚴重的工作。同樣地，在提供兒童保育服

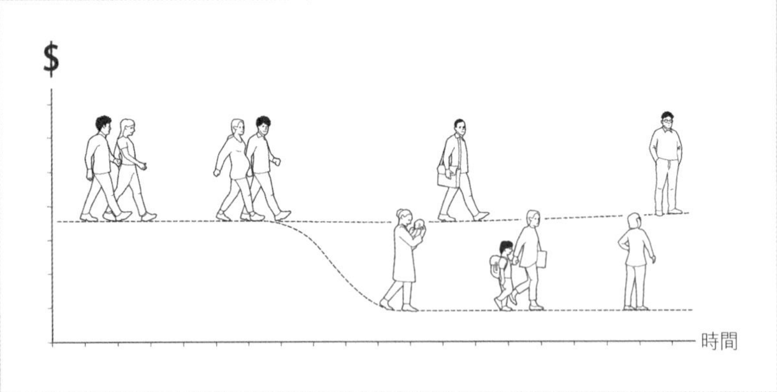

戈丁因為「推動了我們對女性勞動力市場結果的理解」，榮獲2023年諾貝爾經濟學獎。在宣布的同時，瑞典皇家科學院公布了這張漫畫，解說了戈丁對於父母角色擴大性別薪資差距的研究結果。

務較少的國家，性別的薪資差距也較大。「母職懲罰」的結果之一是，如果我們按照終身的收入而非每小時的工資來衡量，性別的薪資差距還要更大。即使是在先進國家，母親們的終身收入也只有男性終身收入的一半——這差不多是五百年前男女每小時工資的差距。[12]

投資銀行高盛（Goldman Sachs）是把這些具有風險的「次級」房貸（"subprime" housing loans）包裹成不動產抵押債券證券（mortgage-backed securities，簡稱MBS）的金融機構之一。這些證券的購買者實際上等於擁有了許多抵押貸款的一小部分。這減少了投資者在個別「忍者貸款」屋主違約時的曝險，但如果整個房地產市場崩盤，投資人仍舊容易受到損害。高盛在市場大力推銷這些產品，包括推銷給退休基金。一名高盛的交易員就自誇將次級房貸推銷給了「寡婦和孤兒」。在此同時，高盛在另一頭押注房地產市場將下跌——這個交易被稱為「大賣空」（the big short）。高盛在日後大言不慚地說，公司並未隱瞞押注賣給顧客的產品會下跌的事實。

在市場崩盤之後，美國住宅平均價格下跌了大約五分之一。到二〇〇八年，每十個抵押貸款的持有人就有一人擁有負資產（negative equity）——意思是他們抵押貸款的價值超過他們住房的價值。數以百萬計的借貸人違約，失去了他們的房子。然而高盛在財務上卻毫髮無損。這家公司在二〇〇九年獲利達一百三十億美元，並發出了數十億美元的紅利。高盛的執行長勞爾德．貝蘭克梵（Lloyd Blankfein）收到了九百萬美元的紅利。

這場金融危機被比喻成阿嘉莎．克莉絲蒂筆下的《東方快車謀殺案》，裡頭人人都是兇手。貪婪的銀行家、無能的信用評等機構、容易上當的購屋者，以及鬆懈的政策制定者各自應負部分罪責。為了回應危機，G20採取協同行動，在全球二十個最大的經濟體實施財政刺激方案，不過還是有很多人受到了長期的損害。在美國，黑人勞工的失業率升高至百分之十以上，並持續達六年之久，同時間，白人勞工的失業率不曾達到過雙位數。13 這是許多國家在衰退期的共同模式。教育和資產扮演了避震器，減少了人們在危機中的傷害。另一方面，經濟學家也更加理解到，在動盪中受到衝擊的往往是弱勢者。

經濟力量＋狡詐的政治＝貪腐猖獗

發展經濟學家如今經常點出，貪腐是讓經濟停滯不前的重要因素。在二〇〇九年，馬來西亞總理納吉（Najib Razak）建立了主權財富基金「一馬發展有限公司」（1MDB），用來把數億美元的公共資金投入政黨的競選活動和同陣營成員的個人開支。這樁騙局幕後的重要操盤手劉特佐（Jho Low）購買了在倫敦、紐約和洛杉磯價值數百萬美元的豪宅、一架三千五百萬美元的龐巴迪環球五〇〇〇型噴射機、送給他當時女友米蘭達・柯爾（Miranda Kerr）的八百萬美元珠寶，以及一場連續幾日的派對，其中包括搭乘包機跨國飛行，先後在雪梨和拉斯維加斯舉行跨年活動。這些偷來的錢甚至用來資助拍攝《華爾街之狼》（*The Wolf of Wall Street*）——關於一位詐欺他人的股票經紀人和他奢華生活的電影。曾經有一段時間，劉特佐被認為是全世界手中有最多現金可運用的人。

研究貪腐的經濟學家曾提到，貪腐可在許多方面阻礙經濟發展。印尼的蘇哈托（Suharto）總統、薩伊的莫布圖（Mobutu）總統、菲律賓的馬可仕（Marcos）總統的貪汙行為各自令他們的國家降低了成長和增加了不平等。公共資金被偷拿去購買宮殿、豪華名車和遊艇，便無法用在政府的醫療保健和教育計畫。在商業界，貪汙抬高了價格、減少了創新，並傷害清廉的公務員。當經濟力量和狡詐的政治在暗地裡結合，貪汙便會猖獗氾濫。有研究者用一個等式總結了貪腐的驅動力：貪腐等於壟斷加上自由裁量，再減去問責制度。14

經濟學家越來越注意到避稅天堂（tax havens）對於助長貪腐所扮的角色。一馬發展有限公司的貪汙案是透過英屬維京群島的銀行帳戶進行的。「巴拿馬文件」、「潘朵拉文件」、

「盧森堡洩密」和其他揭露的文件顯示了避稅天堂被毒梟、獨裁者、洗錢者，以及超級富豪廣泛使用。有一份統計顯示，這些海外帳戶每五塊錢裡頭，就有四塊錢違反了其他國家的稅法。[15] 經濟學對這個問題的嚴重程度所做的研究，有助施壓這些避稅天堂把資料分享給全世界的稅務機構。

在低收入國家，「無國界稅務員」（Tax Inspectors Without Borders）的計畫提供專業協助，幫助政府進行嚴格的審計——在某些例子中，其獲得的稅收是一百倍於支付給審計員的成本。另一個實用的做法是推動「惡債」（odious debt）的概念，依據這個概念，國際社會同意借貸給獨裁者的錢並非真正的政府貸款，而應該視為個人的貸款。[16] 惡債的構想可用來改變借貸者的誘因。如果銀行知道幫助獨裁者購買武器的貸款，在這個國家變成民主體制後將被視為無效，那麼它在提供貸款時可能會再三思。如此一來，這也可能有助封鎖獨裁者的資金來源。

指數型基金的崛起

隨著金融危機後的經濟復甦，人們也逐漸了解全球金融管理者的一些說法可能是空洞不實的。在一項研究中，研究人員追蹤了湯姆．畢德士（Tom Peters）和羅伯特．華特曼（Robert Waterman）合著的《追求卓越》（*In Search of Excellence*）書中所介紹的四十三家公司。他們發現才過了兩年，幾乎就有三分之一的公司陷入嚴重的財務危機。[17] 當代最具影響力的商業書籍，不必然能夠辨認出最成功的公司。在另一個實驗裡，名叫「烏鴉」的六歲黑猩猩靠著丟飛鏢來決定購買的股票，結果表現勝過了百分之九十九的華爾街專業股票經紀人。[18]

對基金管理人來說，他們的大問題在於是否能勝過股票市場的平均表現。根據最近一份研究報告，百分之六十五主動式管理的美國股票基金，在一年的期間內，表現都不如股票市場。[19] 換句話說，在正常的一年內，約三分之二的主動式管理基金（actively managed funds）的成長不如股票市場的平均水平。在五年期間內，表現不如股市的比例增加到百分之八十八。在十年期間內，百分之九十二託人管理的基金表現不如股市。

問題不在於這些基金管理人太笨，而是如同經濟學理論預測的一樣，要打敗股市實在太難。決定要買進或賣出一檔股票時，分析師會仔細研究每一丁點兒訊息，來了解產品、管理團隊，以及市場條件。人們已經知道，股市分析師會使用衛星影像來計算停車場的汽車數量，以估算零售商品的需求，或者研究長期的天氣預報，來預估穀物的收成。演算法交易模型（algorithmic trading models）透過程式找出市場之間微小的價格差異，並在幾毫秒之間利用這個價差獲取利益。

股票市場的一個基本準則是「效率市場假說」（efficient market hypothesis）：股票的價格，反映的是所有公開可得的資訊。由於以「內線」資訊交易是違法的，大部分主動式管理基金——以及大多數個別的當沖交易員——都無法超越股市的平均報酬率。正如經濟學家們喜歡說的，在人行道很難撿到二十美元的鈔票，因為先看到的人多半會搶先拿走了。

在主動式管理基金之外，另一個受歡迎的替代方案是指數型基金（index fund）。指數型基金簡單地包含了股市裡的公司，並按他們的市場規模的比例來持有。比如說，今天一個標準普爾五百指數基金可能包含大約百分之七的蘋果公司、百分之一的雪佛龍公司、百分之〇．一的聯邦快遞，以及指數當中相對應比例的其他四百九十七家公司。指數基金的報酬率，旨在匹配它所追蹤的股票指數，再扣除管理費。由於追蹤指數的工作只是小事一樁，所以比起主動式管理基金要付錢請專家幫忙選股，指數型基金只需收取相對非常低廉的管理費。

先鋒領航集團（Vanguard）的創辦人約翰．伯格（John Bogle）在一九七五年成立指數型基金時，批評家嘲笑它是「伯格的笨把戲」。不過到了二〇一〇年代，指數型基金已經是市場的巨人。根據一項評估，這群被動的投資人在二〇一一年控制了美國五分之一的股票市場（在接下來的十年它會繼續成長到占五分之二）。[20] 標準普爾五百裡頭，有九成公司的最大股東是三大指數型基金——先鋒領航、貝萊德（Black Rock）、道富（State Street）——的其中之一。[21]

經濟學家常爭論不休，不過一份對四十位頂尖經濟學家的調查發現（當中包含多位諾貝爾獎得主），沒有任何一位經濟學家不同意指數型基金可以給投資人更好的回報。[22] 出乎意料之外，指數型基金甚至還得到華倫．巴菲特（Warren Buffet）的支持，這位積極的投資者相信，大部分人把錢放進低成本的指數型基金會比較有好處。巴菲特在二〇一七年寫給他的股東的信中說：「如果要立個雕像表揚對美國投資人貢獻最多的人，伯格應該是當之無愧的人選。」

低利率帶來的挑戰

在二〇一〇年代，全世界出現前所未見的大量資金在尋找投資機會。從加拿大的養老基金到高儲蓄率的中國家庭，全球過剩的儲蓄開始推低利率。哈佛大學的賴瑞．桑默斯（Larry Summers）警告，世界可能進入「長期停滯」（secular stagnation）時期，期間的生產力和經濟成長會趨緩。喬治梅森大學經濟學家泰勒・柯文（Tyler Cowen）主張，相對於二十世紀大眾教育、大規模移民、電力和交通運輸等帶來重大轉變的突破性進展，我們從電腦化（computerization）和智慧手機所得到的經濟收益相對有限。[23]像是維基百科（Wikipedia）、YouTube和Google等網路的創新為渴望知識的人帶來好處，但是對生產力的影響卻有限。比較樂觀的看法認為，電腦運算能力對生產力的影響，就如之前的燃煤動力和電力一樣，可能在創新出現後的數十年才會顯現。

低利率對貨幣政策制定者帶來了挑戰。英格蘭銀行的經濟學家安迪・霍爾丹（Andy Haldane）分析過去五千年的歷史資料，得出的結論是利率從不曾如此之低。[24]他把各國央行提高利率的嘗試比喻成一個神話故事，故事裡小男孩的風箏卡在樹上，為了把風箏拿下來，他把自己的玩具一個接一個丟上了樹枝。霍爾丹指出，資產購買、流動性計畫（liquidity scheme）*、前瞻指導（forward guidance）**對於提升利率同樣沒有效果。到二○一○年代後期，許多國家的中央銀行都陷入了必須處理通貨緊縮的困境。

中央銀行在這個時期的一個常見問題是「零利率下限」（zero lower bound），它是由於事實上要向人收取負利率是件很棘手的事。如果我可以免費儲存現金，那我為什麼要把錢先借給你，讓你以後用比現在還少的錢還給我？中央銀行轉而採用「量化寬鬆」（quantitative easing），購買金融資產以支撐經濟。在二〇一〇年代的尾聲，包括美國聯準會、英格蘭銀行、日本銀行，以及歐洲央行等四大中央銀行總共持有超過二十兆美元的金融資產，這個金額相當於美國一年的經濟產出。[25]

在這個時期，有一些經濟損失是自己造成的。在致力降低貿易壁壘半個多世紀之後，美國突然在二〇一八年反轉了立場，對來自中國的鋼鐵、鋁和其他多項進口商品課徵關稅。美國總統川普在宣布實施關稅時，形容它是懲罰外國人的一種方式，但是實際上成本主要是由美國人承擔。對美國家庭而言，川普的關稅成了數十年來最大的一次增稅。[26]由於從事像是建築業和汽車製造業這類用鋼產業的工人，要遠遠多於鋼鐵製造業的工人，根據估計每多創造一個工作機會，就會失去十六個工作機會。[27]除此之外，貿易夥伴也祭出了報復性的關稅，導致美國受影響的商品出口量減少了百分之十。[28]最後的結果是全球總

* 譯註：「流動性計畫」是金融機構或政府機構為了確保市場流動性和穩定金融系統而採取的措施。通常包括提供流動性支持、資金注入等其他措施，以應對市場可能出現資金緊缺或流動性不足的情況。

** 譯註：「前瞻指導」是指央行或政府機構透過公開發表對未來經濟狀況的預測和政策意向，以影響市場預期和行為。這種做法有助於穩定市場情緒和引導市場走向，是貨幣政策和財政政策中常見的手段之一。

收入的下滑。就和軍事戰爭一樣，貿易戰製造的輸家要多過於贏家。

在二〇一六年的公投中，百分之五十二的英國人投票支持脫離歐盟，並於二〇二〇年生效。英國脫歐（Brexit）令許多設在英國的公司把辦公室搬到歐洲大陸，也對進口商和出口商製造了很大的不確定性。英國脫歐阻礙了人員、服務、貨品和資金在英國和歐陸之間的自由流通。英國預算責任辦公室估計，英國脫歐的長期成本將占英國收入的百分之四。[29]經濟學家幾乎一致反對英國脫歐，但是他們無力對抗一個由反建制情緒、對移民反彈、對國際機構不信任感所推動的政治運動。

在二十一世紀，經濟學家讓我們關注到廣泛的主題——從貪腐問題到氣候變遷，這些主題在過去可能被視為超出經濟學的研究範圍。經濟學家認知到純粹理性模型的局限，使用行為經濟學來解釋人們為什麼錢存得太少、又吃得太多。同時，就像對於「穀物法」和「斯姆特—霍利關稅法案」的爭論一樣，川普的關稅和英國脫歐都提醒我們，門戶開放或許是好的經濟學，但閉關自守往往贏得選舉。

第 13 章

預測是難事，預測未來尤其困難

——COVID 疫情的衝擊與影響

二〇二〇年初，COVID的出現讓全球經濟跌入自一九三〇年代大蕭條以來最嚴重的衰退。隨著各國實施封鎖，二〇二〇年第二季的全球收入下跌了百分之五。[1] 商業投資重跌，觀光旅遊和移民近於停擺，在服務業上的花費也直線下滑。每一個先進經濟體都陷入衰退，全世界流失了大約四億個工作機會。[2] 為了支持家庭，各國政府總共提供超過十兆美元支持受影響的勞工和企業。在二〇一九年，全球政府債務相當於全球十個月的收入。到了二〇二〇年，全球政府債務躍升至全球一整年的收入。[3]

這段時期，有兩項發明至關重要。新冠病毒檢測法的發明，解決了經濟學家所稱的「資訊問題」（information problem）——讓人們得以在疾病的早期階段自我隔離，不致感染他人。COVID疫苗的發展，給接種疫苗的人帶來巨大好處——把死亡的風險降低到未接種者的十分之一以下。[4] 藉由降低疾病的擴散率，疫苗也帶來顯著的正外部性（positive externality），因此世界各國政府皆免費提供疫苗，而不要求人們支付費用。

意想不到的通膨

對貨幣政策制定者而言，疫情一個意想不到的發展，是封鎖措施結束後對通貨膨脹造成的衝擊。家庭釋出之前大量壓抑的支出，而俄羅斯入侵烏克蘭則導致能源價格的飆漲。突然之間，中央銀行發現如今要面對的是類似於一九七〇年代的嚴重通膨。由於抑制通膨需要的是提升利率而非降息，因此也不再需要採取非常規的貨幣政策。如今問題在於，高利率讓習慣於廉價資金的房貸持有人和企業主叫苦。許多人質問，中央銀行為什麼沒有提早行動，以及為什麼他們的預測錯誤地預期了低通膨和低利率。

這問題牽涉到了經濟學一個普遍性的挑戰：預測是件難事。就如氣象預報員和運動賽事評論員一樣，央行對於接下來要發生的事也不是十拿九穩。如棒球界的哲學大師尤吉・貝拉（Yogi Berra）*說的：「預測是難事，預測未來尤其困難。」學術界的經濟學家們往往對預測抱持懷疑，他們指出，危機往往是由意想不到的衝擊所引發。衝突、疫情、饑荒、破產、違約和貿易戰，往往被只關注緩慢變動變數的經濟學模式所忽略。

除了被抨擊欠缺先見之明之外，中央銀行也曾因其他千百種過錯而受到批評。為什麼沒有採取更多措施來防止政府債務的累積？為什麼澳洲、愛爾蘭、美國這些國家的央行在

＊譯註：尤吉・貝拉（1925-2015）是美國職棒洋基隊傳奇捕手。他最為人津津樂道的事蹟之一是他經常發表看似古怪、突兀、不合邏輯，但其實頗富哲理的名言。其他名言還包括「比賽不到結束，就還沒結束。」（It ain't over till it's over.）及「（那家餐廳）生意太好了，再也沒有人要去。」（Nobody goes there anymore. It's too crowded.）

二十一世紀的前十年之間就讓房價漲了一倍？為什麼他們准許讓家庭承擔這麼多債務？

答案是所謂的「廷伯根法則」（Tinbergen Rule），它簡單說明，如果你只有一個工具，就只能鎖定一個目標。中央銀行的主要工具是利率。廷伯根法則指出，假如房價高漲而通膨率仍低於設定的目標帶，中央銀行沒辦法同時解決兩個問題。同樣地，如果民眾面對一飛沖天的通貨膨脹，但同時一些家庭因為房貸而焦頭爛額，央行也必須選擇要處理哪一個問題。

市場集中可能造成的傷害

在COVID疫情期間，供應鏈中斷的一個因素是許多市場的高度集中化。在美國，實際上所有的嬰兒奶粉都是少數幾家公司所製造的，進口奶粉也受到嚴格限制。當最大製造商亞培（Abbott）因為汙染疑慮而關閉它最大的工廠，危機便發生了。最嚴重的時候，美國七成的超市沒有嬰兒奶粉可賣。製造商數量太少造成了供應鏈的瓶頸，要付出代價的則是嬰兒的父母們。

對於競爭政策，芝加哥學派認為有很多例子印證了壟斷可對消費者提供很好的服務，但這個觀點如今受到嚴格檢視。從嬰兒奶粉（九成的產品是來自四家公司）到棺材（最主要的兩家製造商生產了五分之四的棺材），集中化的市場形成了名副其實「從搖籃到墳墓」的現象。

市場集中並不單只是大型公司成長超越了其競爭對手所產生的結果。企業競爭的主管單位和法院依據芝加哥學派的「消費者福祉標準」，允許了許多的企業購併，包括臉書收購Instagram、谷歌收購YouTube，以及酒商安海斯—布希英博（AB InBev's）收購南非米勒（SABMiller）。然而，如今經濟學家擔憂市場集中化可能造成其他不利影響。以年收入而言，最大的一些公司規模與國家相當。沃爾瑪超市的經濟規模和泰國相當，亞馬遜約等於奧地利，埃克森美孚（ExxonMobil）則和秘魯不相上下。或許經濟學家已開始認為，數大未必是美。

市場被少數掌控的擔憂，在科技業感受尤其強烈，因為在這個領域，往往適用「贏者全拿」（winner-takes-all）的鐵律。在先進國家，Meta（臉書母公司）、蘋果（Apple）、微軟（Microsoft）、Alphabet（谷歌母公司）和亞馬遜（Amazon）這五家俗稱MAMAA的大公司，主宰了社群媒體、智慧手機、電腦軟體、搜尋和線上購物。在中國，被稱為BATX的四巨頭——百度（Baidu）、阿里巴巴（Alibaba）、騰訊（Tencent）和小米（Xiaomi）——主宰了搜尋、電子商務、社群媒體和智慧手機。

經濟學家越來越擔心集中化的市場對勞工和消費者都會造成傷害。五分之一的美國勞工在他們的勞雇契約裡都有附帶條款，限制他們到任何與目前雇主有競爭關係的公司任職。[5]矽谷一些公司訂下秘密協議，不雇用彼此公司的軟體工程師，因而壓低了受雇者的薪資。羅賓森對於獨買的憂慮到今天還是非常貼切。

獨買也可能傷害供應商。蘋果的應用程式商店（App Store）被形容是「圍牆花園」（walled-garden），蘋果透過應用程式商店收取開發商最高達收益的百分之三十的費用。中國也有類似的問題，阿里巴巴被發現曾阻止商家在其競爭對手平台銷售商品，結果被罰款二十八億美元。這九家公司——MAMAA和BATX——在人工智慧領域占據全球領先地位。因此當電腦運算技術出現重大突破，他們將坐享巨大的利益。[6]

許多人擔心科技可能讓大型公司變得日益龐大，但科技的進步也可能縮小一些公司的規模。寇斯對公司界線（the boundaries of the firm）的創新分析主張，一項工作應該由公司內部完成還是要外包，取決於交易成本和資訊成本。如果線上的平台可以讓運用非雇員、或與其他組織聯繫變得更容易，它最終會導致公司縮小規模。大部分Meta的內容審查員都不是Meta的員工，大部分亞馬遜的送貨司機並不是為亞馬遜工作。在未來，多元經營的企業集團如三井（Mitsui）、太古（Swire）和塔塔，面對專業分工更精密的競爭者可能會開始感到吃力。

大數據分析的廣泛運用與隱憂

電腦運算技術日益強大、應用日益廣泛，競爭政策並不是唯一受影響的領域。數學教授漢娜．弗萊（Hannah Fry）提出了許多關於演算法導出令人不安結果的例子。[7] 用Google搜尋自己名字時，非洲裔美國人比美國白人更有可能看到以有犯罪紀錄的人為投放對象的廣告。女性在線上看到高薪主管職位廣告的機會，則比男性低。

英國超市特易購（Tesco）也遇到一起事件，有顧客聯繫公司說她和丈夫共用會員卡，結果發現在「我的最愛」項目裡看到保險套產品。她跟超市說，他們一定是弄錯了。超市並沒弄錯，不過還是默默地為錯誤資料道歉，不想因此造成這對夫妻感情的裂痕。在美國的司法體系，法官有些時候會根據估算某人再犯機率的演算法來做出判決，[8] 但是被告卻可能無法取得這些左右判決的資訊。在中國，社會信用制度基於「信用度低」的理由拒絕數百萬公民搭乘飛機和高速鐵路，這些人信用度打折扣的原因，可能是違規穿越馬路、未探望年長的父母，或在網路上批評政府。

社會心理學家肖莎娜・祖博夫（Shoshana Zuboff）把企業使用個人資料稱之為「監控資本主義」（surveillance capitalism），指出這種做法導致了越來越有針對性的標靶廣告以及企業對使用者個資需求的增加。[9] 如上面的例子所見，大數據可能使得不平等的情況更加惡化。不過，經濟學家也用大型數據庫來解答過去無法觸及的問題。這方面研究領先群倫的是哈佛大學的拉吉・切提（Raj Chetty），他的「機會洞察實驗室」（Opportunity Insights Laboratory）使用大數據來研究經濟機會。

使用近三十年來幾乎全美國人口的稅務資料，切提的團隊著手進行經濟流動性（economic mobility）的分析——即人們從上一代到下一代所得分布往上或往下移動的傾向。[10] 他們的研究顯示，在一九四〇年代出生的孩子，有近乎九成的人預期可比他們的父母親賺更多的錢。但是對一九八〇年代出生的孩子來說，只有一半的人預期可比他們父母賺更多錢。這項研究顯示居住地區對孩童有強大的因果影響力。他們以全美國為範圍做比較發現，整體而言，貧窮家庭的兒童在貧窮集中程度較低、收入不平等程度較低、有較好的學校、有較多雙親家庭，以及犯罪率較低的郡，會有較好的發展機會。

在另一套研究中，切提跟他的團隊分析美國超過七千萬居民的臉書數據，結果顯示交友的網絡與階級有強烈的關聯性。[11]在社經地位分布位於頂層百分之十的人們，擁有同屬頂層百分之十的朋友人數，是擁有屬於底層百分之五十的朋友數的兩倍。富人和窮人也有不同種類的朋友。在頂層的人比較可能結交大學時期的朋友，而在底層的人們比較可能結交同鄰里的好友。研究人員也能估算不同區域的友誼模式——美國中西部的居民，結交不同社會階級朋友的可能性特別高。

鑑識經濟學

鑑識經濟學（forensic economics）揭露了一些令人驚訝處的不法行為。[12]一項研究比較了滑雪場的降雪量報告和政府的氣象站報告。滑雪場報導的降雪量比較大，尤其是週末假日，兩者的差距更大。另一個研究發現，《葡萄酒鑑賞家》（*Wine Spectator*）雜誌對在他們頁面刊登廣告的葡萄酒，會給予比其他雜誌更高的評價。同樣地，個人理財雜誌比較會推薦他們廣告主的基金。時尚雜誌比較可能展示他們廣告主的服裝。

激勵的誘因會扭曲行為。一份經濟研究觀察房地產經紀人銷售自己房子的情況，發現經紀人的房子在市場停留的時間比平均多出十天，售價也比平均水平高出百分之四。教育經濟學家發現，在重要考試的日子裡，學校更有可能讓成績不佳的學生停課。同時，在考試日，學校也較可能供應高熱量飲食。

鑑識經濟學從花式滑冰裡發現，裁判往往給予自己國家的選手較高的評分。

鑑識經濟學甚至可以揭發貪腐。當印尼獨裁者蘇哈托傳出健康疑雲，和他政治關係密切的公司股價也會應聲下跌。當聯合國實施武器禁運的國家衝突惡化時，軍火製造商的股價會上漲。借鑑心理學的一些研究，研究人員注意到人們在編造數字上存在偏見。我們往往會過度使用一些數字（例如數字七）和連續的數對（例如一—二，或是三—四）。奈及利亞和伊朗的選舉結果就出現這種啟人疑竇的數字模式，瑞典和美國的選舉結果則沒有。數據越是豐富，鑑識經濟學就越能夠揭露更多不好的行為。

切提的研究是經濟學越來越重視數據的一個例子。在經濟學的期刊中，越來越少看到不利用數據來測試其理論模型的研究。自一九六〇年代的學齡前兒童研究以來，經濟學家使用隨機試驗的例子有大幅的增長，研究人員也較能熟練運用自然實驗來辨認因果關係的影響。電腦運算能力的提升，已經減少了分析大數據庫所需的成本。我本人在二〇〇四年的博士論文研究，分析了超過一百萬人的數據組，在十年前它還無法靠筆記型電腦進行。[13] 十年之後，程式碼運行的時間從幾個小時縮短到只需幾秒鐘。大數據分析（Big Data Analytics）成了摩爾定律（Moore's law）* 的受惠者。

新型的數據帶我們進入過去無法探尋的領域

對於性別和種族這類令人不自在的議題，大數據也提供了一些洞見。賽斯．史蒂芬斯—大衛德維茲（Seth Stephens-Davidowitz）挖掘網路的搜尋資料，發現在對同性戀容忍度最

* 編按：摩爾定律是由英特爾（Intel）共同創始人高登．摩爾（Gordon Moore）於一九六五年提出，摩爾定律預測指出，積體電路上可容納的電晶體數量大約每兩年翻一倍，且成本相對恆定。

低的地方，人們較可能用Google詢問：「我丈夫是同性戀嗎？」[14] 搜尋種族主義笑話的人，和二〇一六年投票給川普的人有強烈的對應關係。父母親搜尋「我的兒子是天才嗎？」的次數，是詢問「我的女兒是天才嗎？」的兩倍。同時，父母親搜尋「我的女兒體重過重嗎？」的可能性也多於「我的兒子體重過重嗎？」。要減少種族主義、性別主義和同性戀恐懼症，重要的關鍵是理解這些問題。大數據使我們進入民調等方法無法探尋的領域。

此外，衛星數據也揭露了經濟繁榮的真相。在夜晚，世界的富裕地區燈火輝煌如聖誕樹，而最貧窮地區則一片漆黑。隨著時間的推演，類似的模式也在同一個國家浮現——成長較快速的地區，夜間有較多的燈光。在美國的國內，衛星數據揭示了過去運輸模式存留的歷史痕跡。在多數商品透過河流運輸的時代，美國有某些地點需要兩邊的船舶裝卸運送貨物。在裝卸作業停止已超過一世紀之後，這些地點依舊是繁榮的經濟中心。[15] 另一個研究分析了過去二十年全球的衛星數據，發現獨裁者較可能捏造自己國家的經濟成長——公布灌了水的經濟數據，不符衛星圖像所呈現的實況。[16] 衛星圖像也被研究人員用於研究巴西的森林砍伐和印尼的汙染。這些圖像的畫質如今精細到可以讓研究人員計算出烏干達個別農夫所擁有的樹木數量，以及估算奈洛比的貧民窟有多少人將自家屋頂翻修升級。[17]

新型的數據也提醒了我們更新經濟統計的重要性，如此這些統計數字才能衡量我們真正關心的問題。國民所得帳戶（national income account）是在大部分工作都在農地或工廠裡的時代發展出來的。網路經濟為統計人員帶來了新的挑戰。在一份研究中，問人們付多少錢可以讓他們放棄各類的免費網路服務一年。[18]人們的回答是如果付他們一萬七千美元，他們願意放棄搜尋；八千美元可以放棄電子郵件；三千美元可以放棄地圖；一千美元願意放棄串流影音。由於國民經濟帳戶衡量的是增加的價值，而不是消費者的福祉，它們可能會遺漏這些重要的福利。

無償的工作在經濟學的統計中一直被嚴重忽略。如果一個男人付錢給一位管家幫他煮晚飯、清潔打掃，並照顧他的小孩，那麼她的收入會包括在國民經濟帳戶，同時她也會被視為勞動力的一部分。如果他們結婚了，她繼續做這份工作就不會再收到工資（他們之間任何的金錢流動都被視為是家庭之內的移轉），她也會被列在勞動力之外。[19]女性主義經濟學家一再指出，無償的工作可能占了全球工作的大半。雖然奧克蘭理工大學的瑪麗蓮·沃林（Marilyn Waring）和其他一些研究人員對經濟數據收集的方法提出強烈的批評，但目前的情況依然是國民所得帳戶裡包括了製造手槍的男人，卻把為嬰兒哺乳的女性排除在外。[20]使用智慧手機來準確掌握人們如何使用時間，同時保護使用者的隱私，是把經濟統計現代化的關鍵新領域。

第 14 章

經濟學的過去、現在和未來

經濟學家麥克斯・羅瑟（Max Roser）觀察到，新聞的出刊頻率決定了新聞的報導內容。[1] 週刊雜誌的焦點不同於日報，而日報的焦點也不同於社群媒體。但是，如果有份報紙是每五十年發行一次，內容會是什麼樣子？羅瑟認為這樣的報紙會討論的應該是長期的正向趨勢。在今天，五十年發行一次的報紙，頭版新聞不會是名人八卦，而比較可能是全球孩童死亡率已經從百分之十四下跌到百分之四，或者是服務業的就業人數在全球已經占了所有就業人口的大多數。[2]

本書一開始談到照明的故事——這個例子說明了科技如何把一個我們祖先的奢侈品，轉化成稀鬆平常的東西，便宜到我們幾乎不會考慮它的成本。從長期來看，經濟發展大致都是如此。英國安妮女王的故事，具體而微地說明了兒童醫療衛生的進展。這位在她同世代最有權力的女性，在一六八四年到一七〇〇年之間總共懷孕了十七次。每次的懷孕都是以死胎、流產和早夭為結局，僅有一次例外。三個世紀之後，即使最貧窮的父母，也不會輕易失去孩子。衛生和醫療的進步挽救了數以百萬計的生命。以實際價值計算，今天大部分國家的勞工一天賺的錢，比他們在一九〇〇年的同行一個星期賺的還要多。

從耕田的犁到網際網路，科技推動著經濟活動的革命。社會從比較優勢中獲利。在勞動市場上，專業分工在促進繁榮上扮演了重要的角色。假如你自己修習了一套技能，應該很能了解專家組成的社會，為什麼會比一群通才組成的社會有更高的生活水準。而且這個原則不只適用於個人，也適用於國家層級。貿易得以讓各國專門從事它最擅長的事。擁有貿易夥伴並不是威脅，而是機會。貿易是現代經濟和它所帶來繁榮的核心所在。貿易是中國在近幾十年有數億人脫貧的關鍵，也是中國在國際舞台得以具有和其人口大小相當的影響力的主因。

人們很容易把生活水準的提升視為理所當然。如我們所見，封建主義、殖民主義和奴隸制度等壓迫勢力，曾經主宰著世界上許多人的生活。心理學家史蒂芬．平克（Stephen Pink）告訴我們，他最喜歡的文字是以「天花『曾是』一種傳染病」[3]開頭的百科全書條目。由於人類的進步，這個存在於世上最後一百年內殺死五億人的疾病，如今是用過去式時態表示。[4]平克指出，由於飲食和學校教育的改善，人們的智商分數快速提升，如今一個普通人的智商，要高於一百年前百分之九十八的人口的智商。一般歐洲人被殺害的機率，不到五百年前的十分之一。在全球各地，對於性別、種族和性的態度都更加進步，以致中東地區年輕穆斯林對這些事情的包容度，和一九六〇年代西歐年輕人相當。在幾個世代內，抽水馬桶、電冰箱、冷氣機、洗衣機已經從奢侈品變成了必需品。

金錢能否使我們更快樂？

不過，經濟成長是否讓我們更快樂？在一九七〇年代，經濟學家理查・伊斯特林（Richard Easterlin）觀察了早期的生活滿意度的跨國調查，他的結論是超過某個點之後，更多的錢並不能讓人們更快樂。所謂的「伊斯特林悖論」（Easterlin Paradox）一直都被視為理所當然的真理，直到二十一世紀初，一個根據更廣泛的調查做出的新分析顯示事實並非如此。[5]在同一個國家裡，收入越高的人越快樂；在不同國家之間，收入越高國家的國民也越快樂。

不只是快樂，新的數據也顯示，在同一國家之內、和不同國家之間，收入較高的人們比較可能覺得自己得到適當的休息、比較受到尊重、較常微笑和大笑，同時也較常品嚐美食。[6]所得較高的人——以及在所得較高國家的人們——比較少說他們感到身體的疼痛、無聊或悲傷。在同樣的國家裡，所得較高的人甚至較可能說他們感受到愛。抱歉了，保羅・麥卡尼，錢可以為你買到愛情。*

雖然金錢可以買到更多快樂，不過邊際效益遞減的原則仍舊適用。快樂增加的比例似乎和收入增加的比例相當——這代表不管是無家可歸者或是社會名流，收入增加百分之十可買到的幸福大致相當。但是有錢人收入增加百分之十的金額，要比窮人的百分之十多出許多。因此，過去三十年來許多國家出現不平等加劇的情況，對整體的幸福感顯然帶來了不良的影響。主張重新分配式的福利國家和漸進稅制最有力的一個論點是，對沒什麼錢的人來說，一塊錢可帶給他更多愉悅。

國家之間的所得差距甚至比同一個國家裡的差距更大。西歐國家如今每日平均所得是一百零九美元，而拉丁美洲每日平均所得只有三十九美元，非洲更只有十美元。[7] 一個典型美國居民一個月的產出，就接近一般奈及利亞人一年的產出。都市化是推動非洲經濟成長的一個因素，因為當人們從鄉村搬到城市，往往會更有生產力。不過目前非洲大陸只有一半的人口居住在城鎮和都市，[8] 原因之一是非洲的土地所有權法規常常模糊不清，使得人們並不樂於投資住房，這也限制了政府徵收房地產稅的收入。解決土地登記制度聽來平淡無奇，卻可能是非洲未來繁榮的關鍵。

不平等的升高並不是唯一令人擔憂的經濟問題。經濟學家阿克洛夫對身分經濟學（economics of identity）的研究，點出了把人們看待自己的方式納入考量的重要性。在標準

＊譯註：作者在此是拿披頭四樂團成員保羅．麥卡尼的名曲〈Can't Buy Me Love〉開玩笑。

的經濟模式中，工作的唯一目的就是賺取收入以供消費。不過身分經濟學提醒我們，許多人身分認同的核心在於他們生產了什麼，而不是他們消費了什麼。對於剛碰面的人，我們比較可能問：「你在做些什麼？」而不是：「你買了些什麼？」因此，當科技和貿易這兩股力量奪走先進國家的工廠工作，你安慰苦苦掙扎的中產階級說電視機變便宜了，恐怕是無濟於事。民粹式的政治人物崛起，或多或少和勞工階級流失穩固工作機會有關，同時也提醒了我們低失業率對社會穩定的重要性。

如何降低全人類面臨的風險？

自盧德份子以來，新科技的出現總是伴隨就業流失的駭人預測，儘管這些預測不曾應驗過。最新的挑戰來自於人工智慧。Open AI的ChatGPT介面可以幫電腦程式除錯、撰寫企業使命宣言、幫你概括總結新的科學進展。GPT這個縮寫字，代表的是「生成式預訓練轉換模型」(Generative Pre-trained Transformer)，但我們也可說它是代表通用技術。就像燃煤動力的蒸汽機和電力一樣，人工智慧最終或許會帶動變革。廣泛採用人工智慧很可能會提升平均所得，但是也代表許多工作會像總機接線員和燈塔看守人一樣消失。經濟學提醒我們，當一個科技變得越廉價，企業採用的可能就越高——而最大的收益則歸那些擁有機器的人。

長遠來看，人工智慧也代表對人類潛在的災難性威脅。[9] 在某個時間點，智能機器在所有任務的表現都可能超越人類。在這之後不久，它們與我們的能力差距可能就類似我們與家中寵物的差距。當這種情況出現時，這些機器是否有跟我們相同的價值觀並且願意與人類和平共存，將是至關重要的事。

流氓人工智慧（rogue artificial intelligence）或許將是人類未來最大的長期威脅，不過另一個重大的危機則來自氣候變遷。經濟學家談論到「尾端風險」（tail risk）——微小機率的極惡劣結果。以全球暖化而言，尾端風險的出現是因為我們並不知道未

展示世界最後一張自拍照的藝術作品，由作者使用人工智慧引擎DALL·E創作而成。

來會排放多少碳，以及地球會有什麼樣的反應。更多的不確定性是來自於可能造成危害的反饋迴路（feedback loop）＊——像是格陵蘭冰棚的融化或是亞馬遜雨林的消失。我們知道氣候變遷不是好事，但它還可能非常非常糟。[10]

當我們在個人生活面臨微小機率的大災難，經濟學思維提醒我們要買保險——付一小筆年費以保障可能失去房子，或是主要收入者的死亡。同樣地，關於全人類的風險，我們如今也應該拿出適當的支出，投資在人工智慧倫理和減少碳排放——以及降低其他如生物恐怖主義和核武衝突等生存的風險上。

躲避了大災難之後，就可以讓人類使用經濟學工具來解決一些較普通的問題。由於交通壅塞，在倫敦、波士頓、巴黎和布魯塞爾等城市的平均車速是時速十八公里，這大約相當於十九世紀馬匹在街頭奔跑的速度。[11]在德國，一般駕駛一年要花費四十小時在交通堵塞上，美國則是一年五十一小時，英國一年八十小時。[12]不管是多倫多還是墨西哥市，減少交通堵塞對數百萬市民而言，代表的是生活品質的重大改善。

最壞的情況可能是什麼？

關於人工智慧風險的討論，許多都著重在「壞的」結果，包括錯誤資訊、演算法歧視，以及自動化讓人失去工作。不過另一個危險來源是發生大災難的可能性。一旦人工智慧超越人類智慧，機器可能會加速遠離我們，就像電腦在西洋棋和圍棋上發生的情況。人工智慧將是人類最後一項發明。

我們無法預知，在超越那個科學家稱為「奇點」的轉折點之後會出現什麼。未來看起來會比較像《星艦迷航記》，還是《魔鬼終結者》？生產力會帶給所有人寧靜的生活，還是超智慧機器會判定人們對它們的目標而言

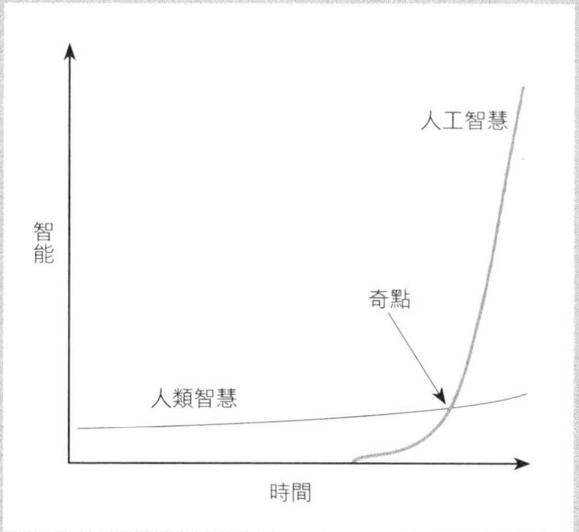

＊譯註：指系統中部分或全部的輸出，重新又回饋到輸入，因而形成迴路。我們知道全球暖化會造成格陵蘭的冰棚融化，但冰棚融化又會對全球暖化造成什麼影響（形成什麼樣的反饋迴路），則有更多不確定性。

純屬多餘？

研究不確定性的經濟學家指出，考慮所有可能性，而不光是考慮最有可能發生的事，是很有用處的。經濟學家使用「期望值」的概念，涉及的是把某個結果的成本或是利益乘以它出現的機率。如果贏得一億美元的機率是百分之一，它的期望值就是一百萬美元。同樣地，一個價值一億美元的物品有百分之一損失的機會，它合理的保險費用也應該是一百萬美元。

一項對人工智慧專門研究員的調查發現，中位數的研究員預期奇點會出現在二〇五九年。[13] 他們認為，有百分之五的機會會出現「極端糟糕」（例如，人類滅絕）的結果。三分之二的人工智慧研究員認為，社會應該更加重視人工智慧安全。用期望值的角度來說，即使是機率很小的災難，也會造成巨大的損失。

從總體經濟學的角度來看，主要令人沮喪的問題在於，在大蕭條近一個世紀之後，經濟學家仍無法順利駕馭景氣繁榮和衰退的循環週期。以經濟學為志業的我們，應該對於現代經濟每十到二十年就出現一次危機感到失望。危機管理是現代政府的一個重要角色。讓經濟衰退成為歷史，將代表經濟學的一項重大成就。

經濟學與科技創新

生活在資本主義經濟裡，很容易會把市場視為理所當然。當我們進到超市，自然會認定所有我們想要的產品都貨源充足。所以在COVID危機期間，商店裡衛生紙一度短缺曾令人們大感震驚。但是，儘管這是百年一見的疫情，經過幾星期後，供應即恢復正常。「看不見的手」的運作方式讓共產制度的官員大惑不解。蘇聯解體之後，一位俄羅斯官員聯繫一位英國的經濟學家，問他說：「是誰在負責倫敦市民的麵包供應？」[14]在二十一世紀，俄羅斯和中國的經濟已從共產主義轉為資本主義，不過這兩者距離開放的民主政體仍然遙遠。

在一九四六年，美國記者亨利・赫茲利特（Henry Hazlitt）寫了《一課經濟學》（*Economics in One Lesson*），這一課說的是市場價格反映機會成本。七十年之後，昆士蘭大學的約翰・奎金（John Quiggin）寫了《兩課經濟學》（*Economics in Two Lessons*），第二堂課是有些時候市場價格和真實價值會出現差距。赫茲利特說明了市場為何會促進成長，這是資本主義經濟創造比共產主義經濟更高生活水準的重要理由。奎金解釋了市場為何可能失靈，製造出汙染、失業，以及恃強凌弱的壟斷事業。這本書說明了故事的兩面——開放市場如何帶領數百萬人走出貧窮，以及為何處理市場失靈對經濟體的繁榮至關重要。資本主義並不能保證那些缺少資本的人的福祉。

對政府角色的一個思考方式是把它想像成風險的管理者；它對地震、疾病和經濟衰退等各式各樣的風險提供社會保險。標準的政府補貼並不是減少風險唯一的方法。按收入比例還款型貸款（income-contingent loan）——這類型貸款在借貸人收入達到某個合理門檻之後才需開始償付——被一些國家運用在大學的貸款。一些經濟學家建議按收入比例還款型貸款也可用來提供給受乾旱所苦的農民、營運困難的企業，或是經濟劣勢的區域。[15]

經濟學的故事也是關於創新的故事。在二十世紀初，世界上還沒有飛機、沒有無線電，也幾乎沒有汽車。到了世紀末，我們用支援Wi-Fi的筆記型電腦瀏覽網路，搭乘噴射飛機到地球另一端開會，城市裡摩天高樓聳立。從空調冷氣到抗生素，從帶刺鐵絲網到哈伯博施法，新科技改造了我們的生活。科技業讓市場運作得更好。一項研究發現，當印度漁業引入行動電話服務後，價格趨於一致，浪費幾乎完全消除。[16] 科技同時造福了消費者和生產者。

創新很少僅涉及一個孤獨天才的辛勤工作。[17] 科技發展不單是古騰堡、居里夫人、愛迪生、愛達・勒芙蕾絲（Ada Lovelace）*、蓋茲、賈伯斯、珍妮佛・道納（Jennifer Doudna）**和馬斯克的成果。科技的創新更常見的情況是透過團隊的合作。電視機的真空管是由多家公司共同合作，還有許多其他創新（包括雷達、網際網路、細菌致病理論、心律調節器、磁振造影，以及量子力學）則是出自政府機構和大學等非市場體系。讓你的手機功能如此強大的關鍵技術，包括全球定位系統、語音個人助理，以及觸控螢幕，都是來自政府資助。創新經濟學的核心問題是，政府如何持續孕生這類的研究。

經濟學在生活的各個層面都提供了實用的建議。一些選股工具聲稱可以掌握投資時機，逢低買入逢高賣出。不過有證據顯示，股價並不是按照可預測的週期波動，而是「隨機漫步」（random walk）的。即便是凱因斯——這位在二十世紀大力協助緩和經濟週期的經濟學家——也放棄了有關商業週期投資（business cycle investing）的想法。18

---

* 編按：（1815-1852）英國數學家兼作家，被公認為史上第一位程式設計師，也是詩人拜倫的女兒。

** 編按：（1964-）美國生物學家，她因為與法國科學家艾曼紐爾 夏本提爾（Emmanuelle Charpentier）開發出了被稱為「基因剪刀」的CRISPR/Cas9基因編輯技術，而獲得二〇二〇年諾貝爾化學獎。

讓經濟學幫你過更好的生活

我在一開始的時候說過，本書的目標是要做三件事：說明資本主義和市場制度如何興起、討論塑造經濟學這門學科的重要概念和人物，以及勾勒出經濟力量如何影響世界史的梗概。

我期待各位在閱讀後，能用稍微不同的觀點看待人類的歷史。當你在看世界地圖時，回想一下大陸的形狀如何決定了由誰來殖民誰。當你看到一面鏡子，思考一下它的發明如何創造了消費者文化。當你使用大型科技平台時，想想看實際上你是如何用你的個資而非現金來付費。體認一下，活在一個大部分人可以上學、打疫苗、使用網路的時代，是多麼幸運的事。

現代經濟學的發展與工業革命同時起步，不過一直到大蕭條之後，經濟學家才對商業週期有了深刻的理解。著迷於市場的效率，令早期經濟學家低估了市場失靈可能發生的方式，並且太快否定政府改善市場運作的作用。較近期的研究探討了壟斷的危害和氣候變遷的風險。行為經濟學如今是標準課程內容的一部分，大型數據庫的分析則是許多現代經濟學家研究的核心。市場設計師開創的匹配演算法（matching algorithms）成了許多腎臟捐贈的基礎。拍賣專家設計的拍賣方式協助政府從銷售電磁波譜權利（electromagnetic spectrum rights）籌募到數十億美元。發展經濟學家透過隨機試驗挽救人的生命並提高他們的所得。

由於我們大部分人並不會成為經濟學的研究者，因此經濟學的最大貢獻在於協助我們過更好的生活。我們做棘手的決定時，需要衡量成本和獲利。考量機會成本——你放棄的是什麼？思考一下邊際效益——問問自己某個東西值不值得再多要一些。還有，別忘了外部性——你的決定對其他人有什麼正面和負面的影響。從教育到創業，從社交到股市，經濟學都可以幫助你過更好的生活。

致謝

現代經濟學在學術上最好的一項進展是，共同進行的研究所占的比例越來越多。我從合作者身上學到許多經濟學的知識，也很感謝許多的對話建構了我們的研究，並讓我成了更好的經濟學者。我也要感謝國會的同事們——經濟學家或非經濟學家——鼓勵我在審議過程中帶入經濟學的視角。在Black Inc.出版社，Chris Feik、Kirstie Innes-Will和Jo Rosenberg的團隊協助強化了我的論點和琢磨我的文字風格。

感謝Jeff Borland、Paul Burke、Wendy Carlin、Bruce Chapman、Selwyn Cornish、Guido Erreygers、David Galenson, Joshua Gans、Ross Gittins、Bob Gregory、Nicholas Gruen、Dan Hamermesh、Tim Hatton、Richard Holden、Sebastian Leigh、Jan Libich、Xin Meng、Alex Millmow、Christine Neill、Alberto Posso、Adam Triggs和Justin Wolfers為本書初稿提供了寶貴的建議。我要特別感謝我的父母親Barbara Leigh和Michael Leigh，給予我充滿關愛的鼓勵和鉅細靡遺的反饋。

這本書要獻給我的妻子 Gweneth，和我的三個孩子 Zachary、Theodore 和 Sebastian。我希望你們所成長的社會裡，有將外部效應內部化的良好經濟政策，有提供你們充分選擇的市場，還有為我們非凡的世界提供精湛見解的經濟學。

註釋

前言

1. William Nordhaus, 1997, 'Do real-output and real-wage measures capture reality? The history of lighting suggests not' in William Nordhaus and Charles Hulten (eds), *The Economics of New Goods*, University of Chicago Press, Chicago, pp. 29–66.
2. 總體經濟學和個體經濟學的融合有漫長的歷史。有關薩繆爾森一九四八年引介的新古典綜合學派（Neoclassical Synthesis）以及透過CORE課程教授的現代經濟學，參見Samuel Bowles and Wendy Carlin, 2020, 'What students learn in economics 101: Time for a change', *Journal of Economic Literature*, 58(1): 176–214.
3. 引言自Avinash Dixit, 2014, *Microeconomics: A Very Short Introduction*, Oxford University Press, Oxford, p. 50.
4. Jeff Borland, 2008, *Microeconomics: Case Studies and Applications*, Cengage, Melbourne, p. 19.
5. Joshua Gans and Andrew Leigh, 2009, 'Born on the first of July: An (un) natural experiment in birth timing', *Journal of Public Economics*, 93.1-2: 246-63.
6. Wojciech Kopczuk and Joel Slemrod, 2003, 'Dying to save taxes: Evidence from estate-tax returns on the death elasticity', *Review of Economics and Statistics* 85(2):256–65.
7. Lucy Black, 2020, 'Picking a product', *CKGSB Knowledge*, 19 November.
8. Benjamin Zhang, 2017, 'Trump just used Boeing's new global airliner to attack globalization', *Business Insider*, 18 February.
9. Thomas Thwaites, 2011, *The Toaster Project. Or A Heroic Attempt to Build a Simple Electric Appliance from Scratch*, Princeton Architectural Press, Princeton, NJ.
10. 在二〇〇九年，英國的週薪中位數大約是四百九十英鎊，九個月薪資約合一萬九千英鎊。思韋茨的零件和交通費總計一千一百八十七英鎊。我發電子郵件和他確認這些數字時，思韋茨狡黠地指出，我所推估的兩萬英鎊這個數字，恰恰是他把烤麵包機賣給維多利亞和艾伯特博物館（V&A Museum）的價格。

第1章

1. Carina Schlebusch, Helena Malmström, Torsten Günther, Per Sjödin, et al., 2017, 'Southern African ancient genomes estimate modern human divergence to 350,000 to 260,000 years ago', *Science* 358(6363): 652–5.
2. Nicholas R. Longrich, 2020, 'When did we become fully human? What fossils and DNA tell us about the evolution of modern intelligence', *The Conversation*, 9 September.
3. David Baker, 2022, *The Shortest History of the World*, Black Inc., Melbourne, p. 110.
4. Caleb E. Finch, 2010, 'Evolution of the human lifespan and diseases of aging: Roles of infection, inflammation, and nutrition', *Proceedings of the National Academy of Sciences* 107, no. suppl 1: 1718–24.
5. Steven Pinker, 2011, *The Better Angels of Our Nature: Why Violence Has Declined*, New York: Viking. 另一份論文所提供的數字是百分之二，仍比現代高出許多：Mark Pagel, 2016, 'Lethal violence deep in the human lineage', *Nature* 538(7624): 180–1.
6. Paul Salopek, 2018, 'Cities of Silence', *National Geographic*, 31 August.
7. Ibid.
8. Hetalben Sindhav, 2016, 'The Indus Valley Civilisation (Harappan Civilisation)', *International Journal of Social Impact* 1(2): 69–75.
9. Philip Coggan, 2020, *More: A History of the World Economy from the Iron Age to the Information Age*, Hachette, New York, p. 26.
10. Jeremy Cherfas,1989, 'Nuts to the desert', *New Scientist*, 19 August, pp. 44–7.
11. Melinda A. Zeder, 2011, 'The origins of agriculture in the Near East', *Current Anthropology* 52 (S4): S221–S235.
12. Shuanglei Wu, Yongping Wei, Brian Head, Yan Zhao and Scott Hann, 2019, 'The development of ancient Chinese agricultural and water technology from 8000 BC to 1911 AD', *Palgrave Communications* 5(1): 1–16.
13. Tim Harford, 2017, 'How the plough made the modern economy possible', BBC World Service, *50 Things That Made the Modern Economy*, 27 November.
14. James Burke, 1978, *Connections*, Macmillan, London, p. 12.
15. Alberto Alesina, Paola Giuliano and Nathan Nunn, 2013, 'On the origins of gender roles: Women and the plough', *Quarterly Journal of Economics* 128(2): 469–530.
16. François Pieter Retief and Louise Cilliers, 2006, 'Causes of death among the Caesars (27 BC – AD 476)' *Acta Theologica* 26(2): 89–106.
17. 平均身高男性從五呎十吋（一七八公分）降至五呎五吋（一六五公分），女性從五呎六吋（一六八公分）降至五呎一吋（一五五公分）：Michael Hermanussen and Fritz Poustka, 2003, 'Stature of early Europeans', *Hormones* (Athens) 2(3): 175–8.
18. 農業革命的長期影響不同於它的短期影響，這也是賈德．戴蒙會錯誤地把它稱為人類最嚴重錯誤的原因：Jared Diamond, 1999, 'The worst mistake in the history of the human race', *Discover Magazine*, 1 May. 舉例來說，如果沒有農業革

命，這世上恐怕就沒有戴蒙的精彩著作。

19. 在六世紀到十世紀之間，水磨坊在歐洲各地被廣泛採用。當一〇八六年征服者威廉（William the Conqueror）在英國進行他的「末日書」調查（Domesday Book，譯者註：「末日書」是征服者威廉下令在各地進行的大規模土地清查編纂，類似於今日人口普查，domesday是doomsday的中古英文拼法，意為最終的審判，強調其調查內容的最終性和權威性，入冊之後即形同法律規章），發現平均每個英國村莊有將近兩座水磨坊：Rondo Cameron, 1989, *A Concise Economic History of the World: From Paleolithic Times to the Present*, Oxford University Press, New York and Oxford, p. 71.
20. Laurence Iannaccone, 1998, 'Introduction to the economics of religion', Journal of Economic Literature, 36(3): 1465–95.
21. Pew Research Center, 2017, The Changing Global Religious Landscape, PEW Research Center, Washington DC.
22. Cameron, 1989, p. 83.
23. Donald Kagan, 1982, 'The dates of the earliest coins', *American Journal of Archaeology* 86(3): 343–60.
24. Neil Faulkner, 2012, *A Visitor's Guide to the Ancient Olympics*, Yale University Press, New Haven, CT, p. 126.
25. 這個估計是根據羅馬帝國皇帝戴克里先（Diocletian，統治期間西元二八四年至三〇五年）發布的法令，參見Coggan, 2020, p. 32.

第2章

1. Cameron, 1989, p. 83.
2. Yiming Cao and Shuo Chen, 2022, 'Rebel on the canal: Disrupted trade access and social conflict in China, 1650–1911', *American Economic Review*, 112(5): 1555–90.
3. 這些數字為二〇一一年的美元，資料取自Jutta Bolt and Jan Luiten van Zanden, 2020, 'Maddison style estimates of the evolution of the world economy. A new 2020 update', Maddison Project Database, University of Groningen, Groningen.
4. Niall Kishtainy, 2017, *A Little History of Economics*, Yale University Press, New Haven, p. 17.
5. Diego Puga and Daniel Trefler, 2014, 'International trade and institutional change: Medieval Venice's response to globalization', *Quarterly Journal of Economics* 129(2): 753–821.
6. Miles Corak, 2013, 'Inequality from generation to generation', in Robert Rycroft (ed.), *The Economics of Inequality, Poverty, and Discrimination in the 21st Century*, ABC-CLIO, Santa Barbara, CA, pp. 107–26.
7. Gregory Clark, 2014, *The Son Also Rises: Surnames and the History of Social Mobility*, Princeton University, Princeton, NJ.
8. 引言自Tim Harford, 2006, *The Undercover Economist*, Oxford University Press, Oxford, pp. 201–2.
9. Masao Uchibayashi, 2006, 'Maize in pre-Columbian China found in Bencao Pinhui Jingyao', *Yakugaku Zasshi: Journal of the Pharmaceutical Society of Japan*, 126(1): 27–36.
10. David Baker, 2022, *The Shortest History of the World*, Black Inc,, Melbourne, p. 157.
11. Sascha O. Becker and Ludger Woessmann, 2009, 'Was Weber wrong? A human capital theory of Protestant economic history', *Quarterly Journal of Economics* 124(2): 531–96.

12. Coggan, 2020, p. 57.
13. Gary Anderson, Robert B. Ekelund, Robert F. Hebert and Robert D. Tollison, 1992, 'An economic interpretation of the medieval crusades', *Journal of European Economic History* 21(2): 339–63.
14. Coggan, 2020, pp. 7–8.
15. Şevket Pamuk, 2007, 'The Black Death and the origins of the "Great Divergence" across Europe, 1300–1600', *European Review of Economic History* 11(3): 289–317.

第3章

1. Trans-Atlantic Slave Trade Database, at slavevoyages.org.
2. 此處和下一段的奴役統計數字來自David Baker, 2022, pp. 171–2.
3. 'Family separation among slaves in America was shockingly prevalent', *The Economist*, 18 June 2022.
4. Stephan Heblich, Stephen Redding and Hans-Joachim Voth, 2022, 'Slavery and the British Industrial Revolution', NBER Working Paper 30451, NBER, Cambridge, MA.
5. Carlos J. Charotti, Nuno Palma and João Pereira dos Santos, 2022, 'American Treasure and the Decline of Spain', Economics Discussion Paper Series EDP-2201, University of Manchester, Manchester.
6. Daron Acemoglu, Simon Johnson and James A. Robinson, 2001, 'The colonial origins of comparative development: An empirical investigation', *American Economic Review* 91(5): 1369–1401.
7. 'Armies of the East India Company', National Army Museum website, www.nam.ac.uk/explore/armies-east-india-company (undated).
8. John Brande Trend, 1957, *Portugal*, Praeger, New York, p. 103. 186
9. Emily Oster, 2004, 'Witchcraft, weather and economic growth in Renaissance Europe', *Journal of Economic Perspectives* 18(1): 215–28.
10. Peter Garber, 1990, 'Famous first bubbles', *Journal of Economic Perspectives*, 4(2): 35–54.

第4章

1. 這些數字是二〇一一年的美元，資料取自Bolt and Luiten van Zanden, 2020.
2. Gregory Clark, 2007, *A Farewell to Alms: A Brief Economic History of the World*, Princeton University Press, Princeton, NJ.
3. Bolt and Luiten van Zanden, 2020; Max Roser, Cameron Appel and Hannah Ritchie, 2013, 'Human height', available at ourworldindata.org/human-height.
4. Robert Allen, 2017, *The Industrial Revolution: A Very Short Introduction*, Oxford University Press, Oxford, pp. 4–7.
5. T.S. Ashton, 1948, *The Industrial Revolution 1760–1830*, Oxford University Press, Oxford, p. 42.
6. R.U. Ayres, 1989, *Technological Transformations and Long Waves*, International Institute for Applied Systems Analysis, Lazenburg, Austria, p. 17.
7. Nicholas Crafts, 2004, 'Steam as a general purpose technology: A growth accounting perspective', *Economic Journal* 114(49):

338–51.
8. Coggan, 2020, pp. 100–1.
9. Alexander C.R. Hammond, 2019, 'Heroes of progress, Pt. 13: James Watt', *HumanProgress.org*, 7 March.
10. Jesse Norman, 2018, *Adam Smith: What He Thought, and Why it Matters*, Penguin, London.
11. Todd Buchholz, 1999, *New Ideas from Dead Economists: An Introduction to Modern Economic Thought*. Penguin Books, London, p.14
12. 「政體計畫」(Polity Project)和「經濟學人智庫」(Economist Intelligence Unit)等組織將完全民主政體(full democracy)定義為尊重公民自由、擁有民主政治文化、保障司法獨立和媒體自由的國家。
13. Ben Broadbent, 2020, 'Government debt and inflation', Bank of England speech, 2 September.
14. 彌爾的著作是「經濟人」(*Homo economicus*)概念的基礎，儘管他本人未使用這個詞；參見Joseph Persky, 1995, 'Retrospectives: The ethology of homo economicus', *Journal of Economic Perspectives* 9(2): 221–31.
15. Steven Johnson, 2014, *How We Got to Now: Six Inventions That Made the Modern World*, Riverhead Books, New York, p. 32.
16. E.P. Thompson, 1967, 'Work–discipline, and industrial capitalism', *Past and Present* 38: 56–97.
17. John Brown, 1990, 'The condition of England and the standard of living: Cotton textiles in the northwest, 1806–1850', *Journal of Economic History* 50(3): 591–614
18. Joshua Gans and Andrew Leigh, 2019, *Innovation + Equality: How to Create a Future That Is More Star Trek Than Terminator*, MIT Press, Cambridge, MA, p. 24.
19. J.A. Schumpeter, 1954, *History of Economic Analysis*, New York: Oxford University Press, p. 500.
20. Wolfgang Keller and Carol H. Shiue, 2020, 'China's foreign trade and investment, 1800–1950', NBER Working Paper 27558, NBER, Cambridge, MA.
21. Allen, 2017, p. 97.
22. Steven Pressman, 1999, *Fifty Major Economists*, Routledge, London, p. 36.
23. 引言自Kishtainy, 2017, p. 40.

第5章

1. Mr Cobden, 1965, *The Collected Works of Walter Bagehot*, edited by Norman St John-Stevas, vol. 3, p. 216.
2. A.C. Howe, 2008, 'Anti-Corn Law League', *Oxford Dictionary of National Biography* [online resource].
3. Allen, 2017, p. 119.
4. United Nations Office on Drugs and Crime, 2008, *World Drug Report 2008*, United Nations, New York, p. 175.
5. 這段對日本經濟發展的討論取自Allen, 2017, p. 119–24.
6. Cameron, 1989, pp. 275–6.
7. Richard Baldwin, 2006, 'Globalisation: the great unbundling(s)', Prime Minister's Office, Economic Council of Finland.
8. Bolt and Luiten van Zanden, 2020.
9. Allen, 2017, p. 76.
10. From 'Our World in Data', at ourworldindata.org/grapher/cross-

country-literacy-rates.

11. Matthew J. Gallman, 1994, *The North Fights the Civil War: The Home Front*, Ivan R. Dee, p. 95.
12. David Galenson, 2006, *Old Masters and Young Geniuses: The Two Cycles of Artistic Creativity*, Princeton University Press, Princeton, NJ.
13. Sophia Twarog, 1997, 'Heights and Living Standards in Germany, 1850– 1939: The Case of Wurttemberg' in Richard H. Steckel and Roderick Floud (eds), *Health and Welfare During Industrialization*, University of Chicago Press, Chicago, pp. 285–330.
14. Peter Dunn, 2002, 'Stéphane Tarnier (1828–97), the architect of perinatology in France', *Archives of Disease in Childhood: Fetal and Neonatal Edition* 86(2): F137–9.
15. Geoff Boeing, 2019, 'Urban spatial order: Street network orientation, configuration, and entropy', *Applied Network Science* 4(1): 1–19.

第6章

1. Thomas M. Humphrey, 1992, 'Marshallian cross diagrams and their uses before Alfred Marshall: The origins of supply and demand geometry', *Economic Review*, 78: 3–23.
2. Henry Ford and Samuel Crowther, 1922, *My Life and Work*, Garden City Publishing Company, Garden City, New York, p. 72.
3. Coggan, 2020, p. 156.
4. 可參見'Say drug habit grips the nation', *The New York Times*, 5 December 1913, p. 8.
5. Tim Hatton, 私人溝通。
6. Niall Ferguson, 2008, *The Ascent of Money: A Financial History of the World*, Penguin, New York.
7. Stephen Broadberry and Mark Harrison (eds), 2005, *The Economics of World War I*, Cambridge University Press, Cambridge. 這裡估算的是一九一四年的情況，因此協約國包括俄國（它於日後退出），但是未列入後來才加入的國家（例如義大利和美國）。
8. Andrei Markevich and Mark Harrison, 2011, 'Great War, Civil War, and recovery: Russia's national income, 1913 to 1928', *Journal of Economic History* 71(3): 672–703.
9. George Rose and Sherrylynn Rowe, 2015, 'Northern cod comeback', *Canadian Journal of Fisheries and Aquatic Sciences* 72, no. 12: 1789–98.

第7章

1. Broadberry and Harrison, 2005.
2. 凱因斯預先預測了這個結果：John Maynard Keynes, 1919, *The Economic Consequences of the Peace*, Macmillan, London.
3. Coggan, 2020, p. 181.
4. Paul Krugman, 1998, 'The hangover theory', *Slate*, 4 December.
5. Bruce Caldwell and Hansjoerg Klausinger, 2022, *Hayek: A Life 1899–1950*, University of Chicago Press, Chicago.
6. Kishtainy, 2017, p. 104.
7. Richard Davenport-Hines, 2015, *Universal Man: The Seven Lives of John Maynard Keynes*, William Collins, London, p. 214.

8. Lionel Robbins, 1971, *Autobiography of an Economist*, Palgrave, London, p. 154.
9. Walter Galenson and Arnold Zellner, 1957, 'International comparison of unemployment rates' in *The Measurement and Behavior of Unemployment*, NBER, Cambridge, MA, pp.439-584. 一些近期的研究有些微的不同，例如把澳洲列在超過百分之十而英國略低於百分之十。美國在一九三九年的失業率也超過百分之十：參見fred.stlouisfed.org/series/M0892AUSM156SNBR
10. 關稅對國內生產造成傷害的例子取自Alan Reynolds, 1979, 'What do we know about the Great Crash?' *National Review*, 9 November.
11. 此處報復性貿易措施的例子取自Kris James Mitchener, Kevin Hjortshøj O'Rourke and Kirsten Wandschneider, 2022, 'The Smoot-Hawley Trade War', *Economic Journal* 132(647): 2500–33.
12. 此處移民限制的例子取自Joseph Ferrie and Timothy Hatton, 2015, 'Two centuries of international migration', *Handbook of the Economics of International Migration*, 1: 53–88.
13. 例子可參見Nick Freeman, 2002, 'Foreign direct investment in Cambodia, Laos and Vietnam: A regional overview', Paper prepared for the Conference on Foreign Direct Investment: Opportunities and Challenges for Cambodia, Laos and Vietnam, 16–17 August, Hanoi.
14. Sadie Alexander (ed. Nina Banks), 2021, *Democracy, Race, and Justice: The Speeches and Writings of Sadie T. M. Alexander*, Yale Press, New Haven, CT; 'Economists are rediscovering a lost heroine', The Economist, 19 December 2020.
15. Manuel Funke, Moritz Schularick and Christoph Trebesch, 2016, 'Going to extremes: Politics after financial crises, 1870–2014', *European Economic Review* 88, 227–60.

第8章

1. 更多細節參見Coggan, 2020, p. 198.
2. 第二次世界大戰的經濟比較資料來自Mark Harrison, 1998, *The Economics of World War II: Six Great Powers in International Comparison*, Cambridge University Press, Cambridge, MA. 這裡估算的是一九三八年的情況，因此列入了同盟國陣營中戰敗被占領的國家（波蘭、捷克、法國及其帝國），而未列入日後加入同盟國的國家（蘇聯和美國）。
3. J. Bradford DeLong, 2023, *Slouching Towards Utopia: An Economic History of the Twentieth Century*, Hachette, New York, p. 304.
4. Phillips Payson O'Brien, 2015, *How the War Was Won: AirSea Power and Allied Victory in World War II*, Cambridge University Press, Cambridge, UK.
5. Harrison, 1998.
6. J. Bradford DeLong and Barry Eichengreen, 1993, 'The Marshall Plan: History's Most Successful Structural Adjustment Program' in Rudiger Dornbusch, Wilhelm Nolling and Richard Layard (eds), *Postwar Economic Reconstruction and Lessons for the East Today*, MIT Press, Cambridge, MA, pp. 189–230.
7. Selwyn Cornish and Alex Millmow, 2016, 'A.W.H. Phillips and Australia', *History of Economics Review* 63(1): 2–20.

8. Vito Tanzi and Ludger Schuknecht, 2000, *Public Spending in the 20th century: A Global Perspective*, Cambridge University Press, Cambridge, UK, p. 6.

第9章

1. Branko Milanovi , 2008, 'Where in the world are you? Assessing the importance of circumstance and effort in a world of different mean country incomes and (almost) no migration', Policy Research Working Paper 4493, World Bank, Washington DC.
2. OECD, 2019, *Negotiating Our Way Up: Collective Bargaining in a Changing World of Work*, OECD, Paris.
3. Jan Tinbergen, 1974, 'Substitution of graduate by other labour', Kyklos 27(2): 217–26; Claudia Goldin and Lawrence Katz, 2008, *The Race Between Education and Technology*, Harvard University Press, Cambridge, MA.
4. Andrew Stanley, 2022, *Global Inequalities*, International Monetary Fund, Washington DC.
5. Andrew Leigh, 2009, 'Does the world economy swing national elections?', *Oxford Bulletin of Economics and Statistics* 71(2): 163–81.
6. Alan Holmans, 2005, *Historical Statistics of Housing in Britain*, Cambridge Centre for Housing & Planning Research, University of Cambridge, Cambridge, pp. 130, 143.
7. Steven Johnson, 2010, *Where Good Ideas Come From: The Natural History of Innovation*, Penguin, New York, pp. 214–15.
8. Kishtainy, 2017, p. 134.
9. Gary Becker, 1968, 'Crime and punishment: An economic approach', *Journal of Political Economy*, 76(2): 169–217.
10. Gary Becker, 1957, *The Economics of Discrimination*, University of Chicago Press, Chicago.
11. 這些是英國脫歐後的統計數字。
12. Air Transport Association of America, 1970, *1970 Air Transport Facts and Figures*, ATAA, Washington, DC.
13. 'Credit card debt statistics', available at balancingeverything.com/credit-card-debt-statistics/, updated 6 January 2023.
14. Anja Achtziger, 2022, 'Overspending, debt, and poverty', *Current Opinion in Psychology*: 101342.
15. George Akerlof, 1970, 'The market for lemons: Quality uncertainty and the market mechanism', *Quarterly Journal of Economics* 84(3): 488–500.
16. David Card and Stefano DellaVigna, 2013, 'Nine facts about top journals in economics', *Journal of Economic Literature* 51(1): 144–61.
17. Coggan, 2020, pp. 234–5.
18. 作者自己的估算，根據的是Bolt and Luiten van Zanden, 2020.
19. Helen Yaffe, 2009, *Che Guevara: The Economics of Revolution*, Palgrave Macmillan, London, p. 21.
20. Gordon Corera, 'India: The economy', BBC, 3 December 1998.
21. Marco Colagrossi, Domenico Rossignoli and Mario A. Maggioni. 2020, 'Does democracy cause growth? A meta-analysis (of 2000 regressions)', *European Journal of Political Economy* 61: 101824.
22. MV Lee Badgett, Sheila Nezhad, Kees Waaldijk and Yana van

der Meulen Rodgers, 2014, 'The relationship between LGBT inclusion and economic development: An analysis of emerging economies', Williams Institute and US AID, Washington, DC.
23. Aniruddha Mitra, James T. Bang and Arnab Biswas, 2015, 'Gender equality and economic growth: Is it equality of opportunity or equality of outcomes?', *Feminist Economics* 21(1): 110–35.
24. Angus Maddison, 2006, *The World Economy*. OECD, Paris, p. 178.
25. 作者自己的估算，根據的是Bolt and Luiten van Zanden, 2020.
26. Cormac Ó Gráda, 2007,'Making famine history', *Journal of Economic Literature*, 45(1): 5–38.

第10章

1. Ke Wang, 2008, 'Xiaogang Village, birthplace of rural reform, moves on', China.org.cn, 15 December.
2. 這段敘述主要參考的是David Kestenbaum and Jacob Goldstein, 2012, 'The Secret Document That Transformed China', *Planet Money*, 20 January.
3. Nicholas Lardy, 2016, 'The changing role of the private sector in China' in Iris Day and John Simon (eds), *Structural Change in China: Implications for Australia and the World*, Reserve Bank of Australia, Sydney, pp. 37–50.
4. Shujie Yao, 2000, 'Economic Development and Poverty Reduction in China over 20 Years of Reforms', *Economic Development and Cultural Change* 48(3): 447–74.
5. Julia Simon and Kenny Malone, 2021, 'Looking back on when President Reagan fired the air traffic controllers', *NPR Morning Edition*, 5 August.
6. William A. Niskanen, 1988, *Reaganomics: An Insider's Account of the Policies and the People*, Oxford University Press, Oxford.
7. Mark Carney, 2021, *Value(s): Building a Better World for All*, William Collins, London, p. 173.
8. William L. Megginson and Jeffry M. Netter, 2001, 'From state to market: A survey of empirical studies on privatization', *Journal of Economic Literature* 39(2): 321-389.
9. Michael Porter, 1979, 'How Competitive Forces Shape Strategy', *Harvard Business Review* 57: 137-145.
10. Daniel Hamermesh, 2011, *Beauty Pays: Why Attractive People Are More Successful*, Princeton University Press, Princeton, NJ.

第11章

1. Coggan, 2020, p. 224
2. '$100 billion for three eggs', *Herald Sun*, 25 July 2008.
3. Coggan, 2020, p. 258.
4. 加拿大銀行行長傑拉德・布伊（Gerald Bouey）在一九八二年的談話。
5. Kenneth Rogoff, 2022, 'The age of inflation', *Foreign Affairs*, Nov/Dec.
6. William McChesney Martin Jr, 1955, 'Address before the New York Group of Investment Bankers Association of America', 19 October.
7. 'One More Push', *The Economist*, 21 July 2011.

8. Facundo Alvaredo, Lucas Chancel, Thomas Piketty, Emmanuel Saez and Gabriel Zucman, 2017, *World Inequality Report 2018*, Paris School of Economics, Paris, pp. 123–30.
9. 世界銀行「經商環境報告」，可查閱： www.worldbank.org/en/programs/business-enabling-environment/doing-business-legacy（該項報告書已於二〇二一年廢止）。
10. Douglas Irwin, 2022, 'The trade reform wave of 1985 1995', *AEA Papers and Proceedings*, 112: 244–51.
11. Chad Bown and Douglas Irwin, 2015, 'The GATT's Starting Point: Tariff levels circa 1947', NBER Working Paper 21782; World Bank, 'Tariff rate, applied, weighted mean, all products (%)', available at data.worldbank.org/ indicator/TM.TAX.MRCH.WM.AR.ZS
12. Bolt and Luiten van Zanden, 2020.
13. 例子可見Justin Yifu Lin, 2019, 'New structural economics: The third generation of development economics', GEGI Working Paper 27, Global Development Policy Center, Boston University, Boston.
14. Mariana Mazzucato, 2013. *The Entrepreneurial State: Debunking Public vs. Private Myths in Risk and Innovation*, Anthem Press, London.
15. 'India's population will start to shrink sooner than expected', *The Economist*, 2 December 2021.
16. United Nations Department of Economic and Social Affairs, Population Division, 2022. *World Population Prospects 2022*, United Nations, New York.
17. Steven Ritter, 2008, 'The Haber–Bosch reaction: An early chemical impact on sustainability', *Chemical and Engineering News* 86(33).
18. Stuart Smyth, 2020, 'The human health benefits from GM crops', *Plant Biotechnology Journal* 18(4): 887–8.
19. Abdul Latif Jameel Poverty Action Lab (J-PAL), 2018, 'Free bednets to fight malaria', J-PAL Evidence to Policy Case Study.
20. Facundo Alvaredo, Lucas Chancel, Thomas Piketty, Emmanuel Saez and Gabriel Zucman, 2017, *World Inequality Report 2018*, Paris School of Economics, pp. 113–22.
21. For a longer discussion of this point, see Gans and Leigh, 2019.
22. William Kissick, 1994, *Medicine's Dilemmas: Infinite Needs Versus Finite Resources*, Yale University Press, New Haven, CT.
23. 這些例子取自於David Cutler and Mark McClellan, 2001, 'Is technological change in medicine worth it?', *Health Affairs* 20(5): 11–29.
24. John Kenneth Galbraith, 1958, *The Affluent Society*, Houghton Mifflin Company, Boston.
25. TheBusinessResearchCompany, 2023, *Sports Global Market Report 2023*, The Business Research Company, London.
26. Joseph Price and Justin Wolfers, 2010, 'Racial discrimination among NBA referees', *Quarterly Journal of Economics*, 125(4): 1859–87.
27. Kai Fischer, J. James Reade and W. Benedikt Schmal, 2022, 'What cannot be cured must be endured: The long-lasting effect of a COVID-19 infection on workplace productivity', *Labour Economics* 79, 102281.
28. Graham Kendall and Liam Lenten, 2017, 'When sports rules go

awry', *European Journal of Operational Research* 257(2): 377–94.

第12章

1. 參見 www.internetworldstats.com/emarketing.htm.
2. 近年來，平均每年瘧疾的死亡人數約六十萬人（世界衛生組織「世界瘧疾報告」），因鯊魚致死的平均人數約七十人（美國佛州自然史博物館「國際鯊魚攻擊檔案」）。每年因機動車輛致死的平均人數約一百三十萬人（世界衛生組織），而航空器致死的平均人數在三百人左右（航空安全網）。
3. Daniel Kahneman, 2011, *Thinking, Fast and Slow*, Farrar, Straus and Giroux, New York.
4. OECD, 2022, 'HM 1.2 House Prices', OECD Affordable Housing Database, OECD, Paris.
5. 席勒二〇〇七年製作的雲霄飛車模擬動態影片可在網路上觀看：www.youtube.com/watch?v=kUldGc06S3U.
6. Michael Lewis, 2010, *The Big Short: Inside the Doomsday Machine*, WW Norton, New York.
7. International Labour Organization, 2018, *Global Wage Report 2018/19: What Lies Behind Gender Pay Gaps*, ILO, Geneva.
8. Doris Weichselbaumer and Rudof Winter-Ebmer, 2005, 'A meta-analysis on the international gender wage gap', *Journal of Economic Surveys* 19 (3): 479–511.
9. Alexandra de Pleijt and Jan Luiten van Zanden, 2021, 'Two worlds of female labour: gender wage inequality in western Europe, 1300–1800', *Economic History Review* 74 (3): 611–38.
10. Kristen Schilt and Matthew Wiswall, 2008, 'Before and after: Gender transitions, human capital, and workplace experiences', *BE Journal of Economic Analysis & Policy* 8(1).
11. Claudia Goldin, 2021, *Career and Family: Women's CenturyLong Journey Toward Equity*, Princeton University Press, Princeton, NJ.
12. Rick Glaubitz, Astrid Harnack-Eber and Miriam Wetter, 2022, 'The gender gap in lifetime earnings: The role of parenthood', DIW Berlin Discussion Paper 2001, DIW, Berlin; Fatih Guvenen, Greg Kaplan, Jae Song and Justin Weidner, 2022, 'Lifetime earnings in the United States over six decades', *American Economic Journal: Applied Economics* 14(4): 446–79.
13. Jhacova Williams, 'Laid off more, hired less: Black workers in the COVID-19 recession', RAND blog, 29 September 2020.
14. Robert Klitgaard, 1988, *Controlling Corruption*, University of California Press, Oakland, CA.
15. Annette Alstadsæter, Niels Johannesen and Gabriel Zucman, 2018, 'Who owns the wealth in tax havens? Macro evidence and implications for global inequality', *Journal of Public Economics* 162: 89–100.
16. Seema Jayachandran and Michael Kremer, 2006, 'Odious debt', *American Economic Review* 96(1): 82–92.
17. Tim Harford, 2020, *How to Make the World Add Up: Ten Rules for Thinking Differently About Numbers*, Little, Brown Book Group, London.
18. 參見 www.guinnessworldrecords.com/world-records/most-successful-chimpanzee-on-wall-street.
19. Tim Edwards, Anu R. Ganti, Craig Lazzara, Joseph Nelesen and Davide Di Gioia, 2022, 'SPIVA U.S. Mid-Year 2022', S&P

Dow Jones Indices, New York, p. 7.
20. Alexander Chinco and Marco Sammon, 2022, 'The passive-ownership share is double what you think it is', available at ssrn.com/ abstract=4188052.
21. Annie Lowrey, 2021, 'Could index funds be "worse than Marxism"?', *The Atlantic*, 5 April.
22. IGM Economic Experts Panel, 2019, 'Diversified investing', Initiative on Global Markets, Chicago Booth, Chicago, 28 January.
23. Tyler Cowen, 2011, *The Great Stagnation: How America Ate All the Low-Hanging Fruit of Modern History, Got Sick, and Will (Eventually) Feel Better*, Dutton, New York.
24. Andrew G Haldane, 2015, 'Stuck', Speech given at the Open University, Milton Keynes, 30 June.
25. 參見美國智庫大西洋理事會（Atlantic Council）的「全球量化寬鬆追蹤器」(Global QE Tracker），可參閱 www.atlanticcouncil.org/global-qe-tracker/.
26. Steve Liesman, 2019, 'Trump's tariffs are equivalent to one of the largest tax increases in decades', *CNBC*, 16 May.
27. Joseph Francois, Laura Baughman and Daniel Anthony, 2018, 'Round 3: 'Trade Discussion' or 'Trade War'? The Estimated Impacts of Tariffs on Steel and Aluminum', Trade Partnership, Washington DC, 5 June.
28. Pablo Fajgelbaum, Pinelopi Goldberg, Patrick Kennedy and Amit Khandelwal, 2020, 'The return to protectionism', *Quarterly Journal of Economics* 135(1): 1–55.
29. 'Impact of Brexit on economy "worse than Covid"', *BBC News*, 27 October 2021.

第13章

1. Rakesh Padhan and K.P. Prabheesh, 2021, 'The economics of COVID-19 pandemic: A survey', *Economic Analysis and Policy* 70: 220–37.
2. Padhan and Prabheesh, 2021.
3. International Monetary Fund, 2022, *2022 Global Debt Monitor*, IMF, Washington DC, p. 7.
4. 例子可參見Centers for Disease Control and Prevention, 2021, 'Morbidity and mortality weekly report' 70(37), 17 September.
5. Evan P. Starr, James J. Prescott and Norman D. Bishara, 2021, 'Noncompete agreements in the US labor force', *Journal of Law and Economics* 64(1): 53–84.
6. Amy Webb, 2019, *The Big Nine: How the Tech Titans and Their Thinking Machines Could Warp Humanity*, Public Affairs, New York.
7. Hannah Fry, 2018, *Hello World: Being Human in the Age of Algorithms*, WW Norton, London.
8. Cathy O'Neil, 2016, Weapons of Math Destruction, Crown, New York.
9. Shoshana Zuboff, 2019, *The Age of Surveillance Capitalism: The Fight for a Human Future at the New Frontier of Power*, Profile Books, New York.
10. Raj Chetty, David Grusky, Maximilian Hell, Nathaniel Hendren, Robert Manduca and Jimmy Narang, 2017, 'The fading American dream: Trends in absolute income mobility

since 1940', *Science* 356(6336): 398–406; Raj Chetty and Nathaniel Hendren, 2018, 'The effects of neighborhoods on intergenerational mobility I: Childhood exposure effects', *Quarterly Journal of Economics* 133(3): 1107–62; Raj Chetty and Nathaniel Hendren, 2018, 'The effects of neighborhoods on intergenerational mobility II: County level estimates', *Quarterly Journal of Economics* 133(3): 1163–1228.
11. Raj Chetty, Matthew O. Jackson, Theresa Kuchler, Johannes Stroebel et al., 2022, 'Social Capital I: Measurement and Associations with Economic Mobility', *Nature* 608(7921): 108–21; Raj Chetty, Matthew O. Jackson, Theresa Kuchler, Johannes Stroebel et al., 2022, 'Social Capital II: Determinants of Economic Connectedness', *Nature* 608(7921): 122–34.
12. All forensic economics examples are from Eric Zitzewitz, 2012, 'Forensic economics', *Journal of Economic Literature*, 50(3): 731–69.
13. 這項研究最後以論文形式出版：Andrew Leigh, 2010, 'Who benefits from the earned income tax credit? Incidence among recipients, coworkers and firms', *BE Journal of Economic Analysis and Policy* 10(1).
14. Seth Stephens-Davidowitz, 2017, *Everybody Lies: What the Internet Can Tell Us About Who We Really Are*, Bloomsbury, London.
15. Hoyt Bleakley and Jeffrey Lin, 2012, 'Portage and path dependence', *Quarterly Journal of Economics* 127(2): 587–644.
16. Luis Martinez, 2022, 'How much should we trust the dictator's GDP growth estimates?' *Journal of Political Economy* 130(10): 2731–69.
17. 此處舉的例子和其他更多例子收錄整理在：Dave Donaldson and Adam Storeygard, 2016, 'The view from above: Applications of satellite data in economics', *Journal of Economic Perspectives* 30(4): 171–98.
18. Erik Brynjolfsson, Avinash Collis and Felix Eggers, 2019, 'Using massive online choice experiments to measure changes in well-being', *Proceedings of the National Academy of Sciences* 116(15): 7250–5.
19. Kishtainy, 2017, pp. 208–9.
20. Marilyn Waring, 1988, *If Women Counted: A New Feminist Economics*. Harper and Row, San Francisco.

第14章

1. Max Roser, 2016, 'Stop saying that 2016 was the "worst year"', *The Washington Post*, 29 December.
2. 兒童死亡率的數據來自於 ourworldindata.org/child-mortality（一九七〇年代初）和 childmortality.org（二〇二一年，寫作本書時可得的最近年份資料）。服務業就業數據來自於世界銀行（指標 SL.SRV.EMPL.ZS）。
3. Steven Pinker, 2018, *Enlightenment Now: The Case for Reason, Science, Humanism, and Progress*, Viking, New York.
4. 關於天花的死亡統計，參見 Donald Henderson, 2009, *Smallpox: The Death of a Disease*, Prometheus Books, Amherst, New York, p. 12.
5. Betsey Stevenson and Justin Wolfers. 2008, 'Economic growth and happiness: Reassessing the Easterlin paradox', *Brookings*

Papers on Economic Activity*, Spring 2008, pp. 1–87; Angus Deaton, 2008, 'Income, health, and well-being around the world: Evidence from the Gallup World Poll', *Journal of Economic Perspectives* 22(2), pp. 53–72.

6. Stevenson and Wolfers, 2008.
7. 此處每日所得的估算來自於Bolt and Luiten van Zanden, 2020.
8. OECD/SWAC, 2020, *Africa's Urbanisation Dynamics 2020: Africapolis, Mapping a New Urban Geography*, West African Studies, OECD Publishing, Paris.
9. 更多關於大災難風險的相關資料，可參見Andrew Leigh, 2021, *What's the Worst That Could Happen? Existential Risk and Extreme Politics*, MIT Press, Cambridge, MA.
10. Gernot Wagner and Martin L. Weitzman, 2016, *Climate Shock: The Economic Consequences of a Hotter Planet*, Princeton University Press, Princeton NJ.
11. Bob Pishue, 2023, *2022 INRIX Global Traffic Scorecard*, INRIX, Kirkland, WA.
12. Pishue, 2023.
13. Zach Stein-Perlman, Benjamin Weinstein-Raun and Katja Grace, '2022 expert survey on progress in AI', AI Impacts, 3 August 2022, https://aiimpacts.org/2022-expert-survey-on-progress-in-ai/.
14. Coggan, 2020, p. 357.
15. Bruce Chapman (ed.), 2006, *Government Managing Risk: Income Contingent Loans for Social and Economic Progress*, Routledge, London.
16. Robert Jensen, 2007, 'The digital provide: Information (technology), market performance, and welfare in the South Indian fisheries sector', *Quarterly Journal of Economics* 122(3): 879–924.
17. 此處的討論取自Johnson, 2010, pp. 230, 236.
18. Harford, 2020, p. 273.

版權聲明

Washington. Image via Wikimedia Commons

p. 120: Unknown photographer, c. June 1921. Image via Wikimedia Commons

p. 126: Artwork by Trevor Bragdon / Pitch + Persuade

p. 129: From 'The Phillips Machine Project' by Nicholas Barr, LSE Magazine, June 1988, no. 75, p.3. Image via Wikimedia Commons

p. 136: People's History Museum

p. 139: Carol M. Highsmith Archive, Library of Congress. Image via Wikimedia Commons

p. 143: apiguide / Shutterstock

p. 145: Fig. 2 taken from Kathryn Cardarelli and Rachael S. Jackson, Education Policy as Health Promotion, white paper presented at the First Annual Conference of the J. McDonald Williams Institute in Dallas, Texas, in October 2005

p. 151: Bettmann / Getty Images

p. 153: Illustrated London News, 22 December 1849. Image via Wikimedia Commons

p. 163: Art_Photo / Shutterstock

p. 170: Graph by Alan Laver based on 'Inflation and central bank independence: OECD countries', Our World in Data

p. 181: Graph by Alan Laver, based on Fig. 2, World Inequality Report 2018, compiled by Facundo Alvaredo, Lucas Chancel, Thomas Piketty, Emmanuel Saez and Gabriel Zucman, presented at the Paris School of Economics

p. 184: Caio Pederneiras / Shutterstock

p. 186: Alex Bogatyrev / Shutterstock

p. 195: CP PHOTO / Troy Fleece

p. 198: Johan Jarnestad / The Royal Swedish Academy of Sciences

p. 218: Leonard Zhukovsky / Shutterstock

p. 229: DALL-E, used under an Open AI Responsible Licence

【The Shortest History系列】

經濟學中的小故事與大觀念

學會經濟學的思維方式，讓你做出更好的選擇，過更好的生活

The Shortest History of Economics:

The Powerful Story of Economic Ideas and Forces that Shape Our World

---

作　　者　安德魯．李（Andrew Leigh）
譯　　者　謝樹寬
封面設計　倪旻鋒
內頁排版　高巧怡
行銷企劃　蕭浩仰、江紫涓
行銷統籌　駱漢琦
業務發行　邱紹溢
營運顧問　郭其彬
責任編輯　林慈敏
總 編 輯　李亞南
出　　版　漫遊者文化事業股份有限公司
地　　址　台北市103大同區重慶北路二段88號2樓之6
電　　話　(02) 2715-2022
傳　　真　(02) 2715-2021
服務信箱　service@azothbooks.com
網路書店　www.azothbooks.com
臉　　書　www.facebook.com/azothbooks.read

發　　行　大雁出版基地
地　　址　新北市231新店區北新路三段207-3號5樓
電　　話　(02) 8913-1005
訂單傳真　(02) 8913-1056
初版一刷　2024年12月
定　　價　台幣400元

ISBN　978-626-409-038-4

國家圖書館出版品預行編目(CIP)資料

經濟學中的小故事與大觀念：學會經濟學的思維方式,讓你做出更好的選擇,過更好的生活 / 安德魯.李(Andrew Leigh)著；謝樹寬譯. -- 初版. -- 臺北市：漫遊者文化事業股份有限公司出版；新北市：大雁出版基地發行, 2024.12
256面；14.8×21公分. -- (The Shortest History系列)
譯自：The shortest history of economics : the powerful story of economic ideas and forces that shape our world
ISBN 978-626-409-038-4 (平裝)
1.CST: 經濟史
550.9　　113017599